本书为首都经济贸易大学新入职青年教师科研启动基金项目(项目编号XRZ2023041)资助下的阶段性成果

业绩补偿承诺协议、并购交易与资源配置效率研究

徐亚飞 ◎ 著

首都经济贸易大学出版社
Capital University of Economics and Business Press
·北京·

图书在版编目（CIP）数据

业绩补偿承诺协议、并购交易与资源配置效率研究／徐亚飞著. -- 北京．首都经济贸易大学出版社，2024.5
ISBN 978-7-5638-3282-8

Ⅰ.①业… Ⅱ.①徐… Ⅲ.①上市公司-企业兼并-研究 Ⅳ.①F276.6

中国国家版本馆 CIP 数据核字（2024）第 111778 号

业绩补偿承诺协议、并购交易与资源配置效率研究
YEJI BUCHANG CHENGNUO XIEYI、BINGGOU JIAOYI YU ZIYUAN PEIZHI XIAOLÜ YANJIU
徐亚飞 著

责任编辑	王 猛
封面设计	砚祥志远·激光照排 TEL:010-65976003
出版发行	首都经济贸易大学出版社
地　　址	北京市朝阳区红庙（邮编 100026）
电　　话	（010）65976483　65065761　65071505（传真）
网　　址	http://www.sjmcb.com
E- mail	publish@cueb.edu.cn
经　　销	全国新华书店
照　　排	北京砚祥志远激光照排技术有限公司
印　　刷	北京九州迅驰传媒文化有限公司
成品尺寸	170 毫米×240 毫米　1/16
字　　数	210 千字
印　　张	13.25
版　　次	2024 年 5 月第 1 版　2024 年 5 月第 1 次印刷
书　　号	ISBN 978-7-5638-3282-8
定　　价	59.00 元

图书印装若有质量问题，本社负责调换
版权所有　侵权必究

前　言

并购重组作为上市公司的一项重要投资决策，是企业优化资源配置、实现战略升级的有效途径。资本市场存在的信息不对称问题，往往导致标的公司获得显著收益而收购方公司并购绩效不佳，股东财富遭受损失。为充分保障中小投资者的利益，我国证监会尝试在并购重组活动中引入业绩补偿承诺协议。如果标的公司没有完成约定的业绩，其原股东需要向收购方公司进行赔偿。这样做则会降低收购方公司股东的风险，旨在抑制以往没有业绩支撑的泡沫化交易。与国外资本市场的 Earnout 协议相比，虽然业绩补偿承诺协议在支付方式、金融本质等方面存在明显区别，但作为我国并购重组活动的新兴契约方式，在理论上同样具有降低信息不对称和激励标的公司的作用。然而资本市场业绩不达标现象时有发生，随意修改补偿协议、逃避补偿责任等层出不穷的业绩承诺丑闻，不仅拖累上市公司的业绩和市场形象，也引发市场对其效果的质疑。

基于上述研究背景，作为一种深刻改变我国上市公司并购重组博弈过程的新兴契约方式，业绩补偿承诺的设计初衷和实际情况存在较大差距，本书依据并购进展的时间维度，以业绩补偿承诺期为基准，层层推进，从四个层面系统分析该协议对资源配置效率的影响，检验业绩补偿承诺对投资者保护的真实效果：第一，从收购方获得的收益层面分析业绩补偿承诺的市场反应。第二，从目标公司获得的收益层面分析业绩补偿承诺对溢价率的影响。第三，投资者保护的最终落脚点在于企业的并购绩效，通过检验并购绩效的好坏来判断该协议的投资者保护效果，并分析其中隐藏的机会主义动机。收购方公司的管理层，因为进行并购重组，有动机进行盈余管理，以确保并购后的公司业绩上升，便于维持股价和进行市值管理，塑造其英明决策的市场形象。第四，高管持股的变动在很大程度上反映了其对公司未来业绩的预期，作为公司内部人，高管拥有公司整体运营情况的内部信息，业绩补偿承诺提供了一个检验高管对未来业绩是否具有信心的证据，可以此来分析高管减持的机会主义动机。

一、研究结论

基于信息不对称理论、委托代理理论、信号理论等，本书以2008—2018年我国A股上市公司发生并购重组的事件作为研究样本，采用规范分析和实证分析结合的研究方法，探讨业绩补偿承诺协议在我国资本市场发挥的作用及其对投资者保护的效果，并得到以下研究结论：

第一，从收购方公司获得的市场反应来看，提供业绩补偿承诺的短期市场反应更高。业绩补偿承诺针对标的公司未来的经营情况，向市场传递明确的盈利预测信息，可降低交易双方的信息不对称程度和投资者的信息搜集成本。结合业绩补偿承诺协议的具体条款，发现双向业绩补偿方式并没有带来显著的超额回报，但是逐年补偿方式和包含股份补偿方式下，市场反应更积极。

第二，从标的公司获得的并购溢价角度来看，业绩补偿承诺推高了标的公司的估值，收购方需要支付更高的并购溢价。我国上市公司热衷于进行跨行业的多元化并购，区分并购类型后发现，多元化并购正向调节了业绩补偿承诺和溢价率之间的关系，越是多元化并购，提供业绩补偿承诺的溢价率越高。结合业绩补偿承诺协议的具体条款，发现采用双向业绩补偿方式的溢价率更高，逐年补偿方式和包含股份补偿方式对并购溢价率没有显著的差异影响。

第三，补偿期刚结束，上市公司的经营业绩和公司价值就出现明显下降，说明为了实现业绩承诺，双方公司有动机维持一个较高的业绩，但是一旦度过补偿期，业绩立即下降，机会主义特征明显。从收购方公司的盈余管理动机来看，签订业绩补偿承诺的收购方公司，其并购后的向上盈余管理行为更多。显而易见，签订业绩补偿承诺的并购活动中，出于维持高股价和市值管理的需要，加之面临的业绩压力和投资决策压力，在掌握更多内部信息的情况下，收购方公司的管理层有动机也有能力进行盈余管理，会尽可能规避合并报表的业绩下滑，避免因决策错误遭受来自股东的压力与惩罚，这证实了我国业绩补偿承诺协议已成为上市公司进行盈余管理的工具。随后，我们讨论了签订业绩补偿承诺的并购事件，从中发现，标的公司的盈利预测完成情况越理想、完成比例越高，这均与收购方公司向上的盈余管理程度正相关，反映出标的公司承诺的业绩在实现过程中会诱发收购方公司管理层对合并报表进行盈余管理存在明显的机会主义行为。此外，在逐年补偿方式下，需要对标的公司每年的盈利预测都进行考核，这比累计一次性补偿方式的实现难度更大，与盈余管理的正相关关系更明显，而与是否双向业绩补偿、是否包含股份补偿方式与盈余管理的关系均不显著。

第四，签订业绩补偿承诺的收购方公司高管进行了更多的减持，表明业绩补偿承诺容易诱发高管谋取私利的动机，利用"利好"消息高位卖出股票获利。同时说明高管认为股价被高估的程度更大，对公司未来没有展示出信心。资本市场最为关心的是标的公司在补偿承诺期内的盈利预测实现情况，研究发现标的公司的实际完成情况越理想，传递出经营情况良好的信号，越有利于提升收购方管理层的信心，从而降低其减持的可能性。而业绩补偿承诺的具体条款对高管减持并没有产生显著的差异影响，侧面反映出影响高管减持的重要因素之一还是并购后上市公司的股价，而标的公司盈利预测的完成情况直接影响并购绩效和收购方公司的股价，两者密不可分。

二、研究价值

以上研究结论表明，业绩补偿承诺的并购方式虽然承诺了业绩，但没有向投资者提供信心和价值，最终的并购绩效不尽如人意，收购方公司及其管理层存在较为明显的机会主义动机，严重损害中小投资者的利益。与现有研究相比，本书潜在的边际贡献和研究意义在于以下三个方面：

第一，本书通过四个层面系统分析我国独特的业绩补偿承诺协议对资源配置效率的影响，为检验该协议的投资者保护效果提供了新的研究视角。这不仅补充了业绩补偿承诺的短期经济后果中尚有的研究空间，而且与现有研究最大的区别在于，本书以业绩补偿承诺期为基准，发现该协议对长期并购绩效产生的负面影响，结合盈余管理和高管减持的机会主义动机，拓展了业绩补偿承诺的长期经济后果研究，从更完整的时间维度理解业绩补偿承诺协议，证实这种新兴的并购契约在保护投资者利益方面存在的不足。

第二，虽然与国外资本市场的 Earnout 协议在很多方面存在较大区别，但是作为我国独特的并购契约方式，国内研究较少涉及业绩补偿承诺协议具体条款内容带来的差异影响。本书通过手工搜集是否双向补偿、是否分年度补偿以及是否包含股份赔偿这三个方面的条款，打开该机制运行的"黑箱"，厘清不同协议条款带来的差异影响，加深了对该契约内容的理解。

第三，现有研究大多立足于并购完成日当年的影响，较少讨论业绩补偿承诺期间及补偿期结束的后续影响，缺乏关键的业绩兑现期的研究。而讨论业绩补偿承诺协议的实际运行效果，就应该将补偿承诺期间纳入研究范围。作为理性经济人，收购方公司及其管理层会根据标的公司未来的盈利预测完成情况采取不同的行动策略。本书通过手工搜集业绩实现情况，结合补偿期结束后收购方出现的业绩下滑，找到补偿期内管理层的机会主义动机，为我国资本市场的盈余管理动机和高管减持研究提供新的实证研究角度和经验证据，研究结论对抑制并购重组活动的代理问题和完善业绩补偿承诺机制具有重要的理论价值和现实启示。

目 录

第一章 绪论 ··· 1
 第一节 研究背景、问题提出与研究意义 ·················· 1
 第二节 研究思路、研究框架和研究方法 ·················· 8
 第三节 研究内容和研究创新 ································· 11

第二章 文献回顾与述评 ·· 17
 第一节 并购重组的市场反应文献回顾 ····················· 17
 第二节 并购重组的溢价率文献回顾 ························ 20
 第三节 并购重组与盈余管理的文献回顾 ·················· 23
 第四节 高管减持的文献回顾 ································· 28
 第五节 业绩补偿承诺的文献回顾 ··························· 32
 第六节 文献述评 ·· 36

第三章 业绩补偿承诺的理论基础与制度背景 ············ 42
 第一节 理论基础 ·· 42
 第二节 制度背景 ·· 48

第四章 业绩补偿承诺的市场反应研究 ····················· 54
 第一节 理论分析与研究假设 ································· 54
 第二节 研究设计 ·· 55
 第三节 实证检验与回归结果分析 ··························· 58
 第四节 本章小结 ·· 76

1

第五章　业绩补偿承诺与溢价率的关系研究 ········· 78
第一节　理论分析与研究假设 ········· 78
第二节　研究设计 ········· 81
第三节　实证检验与回归结果分析 ········· 84
第四节　本章小结 ········· 103

第六章　业绩补偿承诺与并购绩效的关系研究 ········· 104
第一节　业绩补偿承诺与并购绩效 ········· 104
第二节　并购绩效不佳的动因分析 ········· 110
第三节　研究设计 ········· 113
第四节　实证检验与回归结果分析 ········· 117
第五节　本章小结 ········· 138

第七章　业绩补偿承诺与高管减持的关系研究 ········· 140
第一节　理论分析与研究假设 ········· 140
第二节　研究设计 ········· 142
第三节　实证检验与回归结果分析 ········· 145
第四节　本章小结 ········· 170

第八章　研究结论与研究展望 ········· 171
第一节　研究结论与启示 ········· 171
第二节　研究局限与研究展望 ········· 175

附录 ········· 177

参考文献 ········· 179

后记 ········· 200

第一章 绪 论

第一节 研究背景、问题提出与研究意义

一、研究背景及问题提出

并购重组是企业战略升级的重要手段之一,通过重新整合和优化并购资源配置,实现企业价值的提升。普华永道发布的《2021年中国企业并购市场回顾与前瞻》报告显示,我国资本市场的国内并购重组数量同比增长21%,创造了新的纪录,交易量和交易金额分别占全球并购重组的20%和13%。可以看出,随着中国经济的持续快速健康发展,而且并购重组在资本市场扮演着越来越重要的角色,这给我国企业带来巨大发展机遇的同时,也要求不断完善和优化监管制度。在资本市场,经常上演世纪豪赌,收购方以天价出资胜出,赢得世纪并购,但在并购出价越来越泡沫化的情况下,并购完成后的绩效常常不如人意,收购方的股东经常要为高管的"狂热"买单。针对这种损害股东利益的情况,中国证监会进行了新的尝试,规定在公司进行重大并购交易时,对于符合条件的标的公司要进行业绩承诺,如果没有完成承诺,其原股东必须向收购方进行赔偿。目的是遏制没有业绩支撑的泡沫化交易,约束高管的漫天出价,保障收购方股东的利益。在业绩补偿承诺机制下,高额出资的收购方经常要求标的公司进行高业绩承诺,这样的约定较之以往只有出资、不约定回报的情况,可以说大幅降低了股东风险。虽然在2014年我国证监会取消了强制性补偿承诺的规定,业绩补偿承诺逐步走向市场化的商业谈判方式,但是绝大多数并购活动的交易双方依然自愿签订业绩补偿承诺协议。既然双方公司热衷于签订业绩补偿承诺协议,那么这一独特而新颖的监管设计,放到资本市场

的实践中是否有效？这种新兴的并购契约方式是否可以提高资源配置效率，能否起到保护中小投资者利益的作用？本书对此进行了系统研究。

业绩补偿承诺协议是由并购双方签订的，一般是标的企业及其管理层就标的公司未来几年的经营业绩（通常为3~5年）向收购方企业进行承诺。根据交易双方的约定，如果标的资产未能完成盈利预测，出让方需要对收购方进行股份或者现金方式的赔偿。因此，业绩补偿承诺的本质是一种对赌协议，是主要针对未来不确定性而签订的协议。

业绩补偿承诺作为一种独特的并购契约，近些年在中国资本市场被广泛使用，深刻改变着交易各方的博弈过程和行为模式。从设计初衷来看，业绩补偿承诺有利于保障交易的公平性，抑制缺乏投资回报率的并购活动，保护收购方股东的利益。但是，在业绩补偿承诺机制下，标的公司很可能通过盈余管理避免补偿。已有研究发现，收购方公司的管理层，因为进行并购重组，有动机进行盈余管理，以确保并购后的公司业绩上升，从而塑造其英明决策的形象，避免因决策错误遭受来自股东的压力与惩罚（Bens et al., 2012）。但是，业绩补偿承诺作为创新机制的运用，收购方公司是否依然有动机进行盈余管理？对这一问题鲜有研究系统讨论。另外，结合业绩承诺期检验该协议能否提高长期并购绩效，从而实现收购方公司的经营绩效和长期价值增长也缺乏相关研究。

在成熟市场，没有业绩补偿承诺协议，但类似支付机制有 Earnout 协议[①]，Earnout 协议可以有效降低因标的公司引发的信息不对称问题，减轻收购方公司的估值风险（Kohers and Ang, 2000; Barbopoulos and Sudarsanam, 2012）。虽然这两种契约在支付方式、金融本质等方面存在巨大差异，但我国的业绩补偿承诺协议在理论上同样具有降低信息不对称的作用（吕长江和韩慧博，2014）。然而不可忽视的是，近年来业绩补偿承诺在实施过程中所引发的问题不断显现。中国资本市场存在较为严重的代理问题，上市公司的大股东普遍拥有信息优势，利用知情交易损害中小股东利益的情况屡见不鲜。并购活动中业绩补偿承诺设计的初衷原本是为了降低并购双方的信息不对称、促进合理估值和减少道德风险。然而，在实际应用过程

---

① Earnout，盈利能力支付计划。

中，标的企业原股东和收购方（上市公司）大股东可能利用对标的企业的信息优势，高估标的资产价值，推高公司股价，形成"高估值—高承诺—高股价"的利益链条（王建伟和钱金晶，2018），在这一过程中，标的公司通过高估值获得较高的并购溢价，而收购方在获取补偿承诺的同时推高了公司股价，收购方大股东或管理层顺势通过减持股票获取私利，实现双赢。但这其中的关键是高业绩承诺如何实现？背后必然隐藏着极大的盈余管理动机，而实践中业绩补偿承诺"精准达标"的现象频频发生，看似巧合的背后实质上是机会主义动机在推动。

在并购活动中，标的公司会频繁调整盈余信息，进行盈余管理行为（Christie and Zimmerman，1994；王克敏和刘博，2014），损害并购绩效（Campa and Hajbaba，2016），并且标的公司更多采取真实盈余管理行为，主要因为诉讼风险更小（Graham et al.，2005），更难以被审计人员和其他监管机构发现（Zang，2012；Kothari et al.，2016）。而将业绩补偿承诺作为盈余管理新动因的文献较为罕见。本书通过研究业绩补偿承诺与收购方公司盈余管理的关系，不仅补充了盈余管理的新动因，而且为业绩补偿承诺的长期经济后果提供了新证据。在并购重组过程中，管理层面临的业绩压力和投资决策压力，使其尽可能规避合并报表的业绩下滑。当标的公司被纳入收购方的合并报表后，高承诺的业绩一旦不能兑现，会严重影响合并报表的业绩。除了收购方管理层面临的业绩压力外，为了维持高股价和市值管理需要，在掌握信息优势的情况下，管理层有动机也有能力进行盈余管理。因此，业绩补偿承诺可能成为收购方进行盈余管理新的工具。

并购重组是企业进行资源配置的重要方式，现有研究大多认为并购能够为标的公司带来显著的超额收益，而收购方公司却面临着财富损失（Jensen and Ruback，1983；张新，2003）。学者们针对上述情况分析后发现，由于交易双方存在较为严重的信息不对称问题，收购方公司不能了解标的资产的真实情况，导致过高估计其内在价值（葛伟杰等，2014）；同时，在并购整合过程中，交易双方容易出现较大的分歧和摩擦（Ang and Kohers，2001），引发代理冲突，会对并购绩效和投资者利益造成不利影响（Jensen and Ruback，1983；Faccio and Masulis，2005）。由于协同效应假说的根基被动摇，学者们开始寻找其他合理的解释。

Roll（1986）开创性地提出"管理层过度自信假说"，由于管理层的狂妄自大使其高估并购收益并支付较高的溢价（Martynova and Tenneboog, 2008），最终导致并购无法为收购方股东创造价值。显然，合理扩大规模可以提高公司价值，但是非理性的并购会给企业施加较大压力，特别是还有濒临破产的可能性（Higgins and Schall, 1975）。吴超鹏等（2008）对管理者行为与连续并购绩效的研究指出，当管理者出现过度自信行为时，企业连续并购的间隔较小，并购绩效较差。

那么，在中国并购是否会获得市场的认同呢？并购的实施，通常伴随信贷或股权融资，一些企业并购后获得了税收优惠和政府补贴，跨行业的并购还给投资者带来新的希望，为投资者描绘了一个光明的投资前景，从而增加投资者的信心，所以，并购重组有助于带来积极的市场情绪。

在中国经济转型的背景下，政府通过产业政策扶持某些行业，鼓励公司参与并购，而企业也有强烈动机主动采取某种行为予以响应（黎文靖和郑曼妮，2016），所以基于宏观调控的政策支持和获取财政补贴、税收优惠等目的，企业有可能不再关注市场需求进行并购决策，这会严重影响资源配置效率，降低并购后的经营绩效（邵敏和包群，2012；黄先海等，2015）。因此，收购方公司的并购重组带有很大的不确定性，那么高管为何愿意承担风险？Jensen & Meckling（1976）认为股权激励使委托人和代理人的目标函数趋于一致，提高了CEO的风险承担水平，使他们愿意进行更多的并购投资（Datta et al., 2001；Croci and Petmezas, 2015）。但是，并购也增加了公司未来的不确定性，提高了公司高管面临的风险。既然如此，并购为高管带来哪些好处？

这里提到的市值管理，主要包括公司的价值创造和通过价值经营实现的价值优化，它是指上市公司在进行经营管理的同时，应用资本市场各类手段，如定向增发、资产重组等，促进公司价值增长，实现公司价值最大化。并购重组是市值管理的重要手段，很显然，并购使得收购方股东燃起新的希望，可能是感受到政策福利，也可能是认为公司寻找到新的蓝海，由此受到投资者欢迎。

现有研究发现，我国上市公司高管具有较强的减持时机把握能力，主要源自内部人掌握的私有信息（曾庆生，2008；易志高等，2019），在内部信息还没有完全反映到公开资本市场之前,利用内部信息精准选择交易时点(Stein,1996;Dittmar and Field,2015;Ali and Hirshleifer,2017),最终高管通过减持交易可以获得显著正向的超额回报(Bagnoli and Khanna,1992;Huddart and Ke,2010;Agrawal and Cooper,2015),并且不同等级的管理层在减持后获得的超额收益差距较大。利用业绩补偿承诺给投资者带来的良好预期,公司股价上涨为公司高管提供了绝佳减持机会。同时,高管持股的变动很大程度反映了其对公司未来业绩的预期,提供了一个检验高管对未来业绩是否具有信心的证据,可以此来分析业绩补偿承诺协议是否诱发上市公司高管减持的机会主义动机。

基于前人的研究,本书主要从业绩补偿承诺对中小投资者保护的设计初衷入手,分析我国现有的业绩补偿承诺协议在并购活动中的实际效果,讨论这种新兴的契约方式对资源配置效率的影响。

第一个研究问题是讨论该协议对收购方公司股东财富的影响。

第二个研究问题是讨论业绩补偿承诺对标的公司获得的并购溢价的影响。前两个研究问题分别从收购方和标的公司的角度分析各自获得的收益情况,而投资者保护的落脚点在于合并后公司的并购绩效。因此,作为衡量并购成败的重要经济指标,并购绩效的好坏是检验业绩补偿承诺协议带来的资源配置效率的主要依据,也是判断该协议对投资者保护的重要内容。

第三个研究问题是分别从财务绩效和公司价值两方面讨论业绩补偿承诺期结束后的并购绩效,也是判断收购方公司是否利用该协议的保护之名侵害中小投资者利益的主要证据。随后结合并购绩效情况,进一步分析业绩补偿承诺协议中隐藏的盈余管理动机。高管作为拥有信息优势的内部人,其持股比例的变化向市场传递内部人对公司未来发展是否具有信心的明确信号。如果业绩补偿承诺协议有效提升了资源配置效率,那么显然高管应该具有长期持股信心。

第四个研究问题是讨论业绩补偿承诺与高管减持是怎样的关系。

总体而言,并购作为资源配置的重要方式,本书尝试从以上四个层面系统分析我国特有的业绩补偿承诺协议在资本市场并购重组活动中发挥的真实作用,判断其对资源配置效率的影响,以期提供投资者保护实际效果的经验证据。

二、研究意义

（一）理论意义

业绩补偿承诺协议是我国资本市场发展过程的特殊产物，其初衷是降低并购过程的信息不对称问题，保护中小投资者利益。现有关于业绩补偿承诺的研究证明我国资本市场存在着高业绩承诺现象，但对于业绩补偿承诺在资本市场发挥的作用仍存在截然相反的观点。本书通过实证研究并购活动中的"高溢价、高承诺、高补偿"背后的机会主义动机，为抑制并购重组活动的代理问题和完善业绩补偿承诺机制提供新的理论研究角度。本书的理论意义是：

其一，本书从投资者保护的视角直接分析现行业绩补偿承诺机制在执行合约过程中存在的机会主义行为，结合具体条款内容的差异影响，打开业绩补偿承诺运行的"黑箱"。虽然现有理论研究证实了业绩补偿承诺存在的漏洞和一系列问题，但是较少结合代理冲突分析补偿承诺期间的长期经济后果。在李晶晶等（2020）发现业绩补偿承诺引发代理冲突变异理论的基础上，本书进一步发现业绩补偿期内收购方公司的高管具有明显的减持倾向，其进行的向上盈余管理有利于维持公司股价，起到市值管理的作用，为实现高位减持创造了条件。本书从事后管理层的道德风险角度拓展了业绩补偿承诺的长期经济后果的研究，以及委托代理关系中管理层的行为逻辑，延伸了信息不对称理论和代理理论在业绩补偿承诺中的研究脉络，从理论上丰富了业绩补偿承诺机制对投资者保护的研究。

其二，盈余管理和高管减持是投资者保护研究的重要方面。本书从业绩补偿承诺协议这一新的视角予以分析，揭示了业绩补偿承诺为收购方公司和高管采取机会主义行为创造便利的条件，提供收购方公司盈余管理和高管减持新的动因研究，拓展了盈余管理和高管减持的影响因素研究视角。高额业绩承诺下的赔偿金额相对于交易对价过低，违背了"信号需要具备高成本"的理论依据（李晶晶等，2020），本书进一步从长期经济后果的角度厘清了我国制度背景下该契约理论设计的不完善之处，解释了业绩补偿承诺在投资者保护方面存在的问题，为继续改进和强化业绩补偿承诺机制的积极作用提供了一定的理论启示。

(二) 实践意义

2008年我国证监会首次以法律的形式确定在资本市场并购重组时引入业绩补偿承诺后,其迅速成为我国上市公司并购活动的重要特征。但在实践层面上,高业绩承诺无法兑现的情况频发,甚至为完成盈利预测进行财务造假的现象也时有发生,严重打击了投资者信心。本书研究结论证实了业绩补偿承诺的长期并购绩效不佳,收购方在补偿期内有强烈意愿进行向上的盈余管理行为,并且收购方管理层不具有长期信心,减持动机明显,这些机会主义行为显然对公司的经营业绩和长远发展不利。

本书的研究结论对于优化实践中的业绩补偿承诺协议,使其真正实现保护中小投资者利益方面具有一定的政策启示。

第一,研究结论有助于提示证券监管部门依据现实情况调整、完善和优化业绩补偿承诺的条款、适用条件,加大对业绩承诺违规和违法行为的惩处力度。具体而言,首先,监管机构应进一步完善和优化业绩补偿承诺条款,针对不同情况设置差异化的门槛和更细致的规定,引导交易双方公司理性判断是否需要签订业绩补偿承诺,避免题材炒作的随意性。其次,针对业绩承诺期间存在的盈余管理行为,应加强对公司信息披露的监督,降低并购双方公司之间、上市公司与投资者之间的信息不对称问题,严厉打击恶意承诺和财务造假行为,从制度层面规范企业并购活动,推动资本市场健康发展。最后,业绩补偿承诺对识别和抑制管理层的减持动机缺乏有效性,监管部门可以考虑加大对企业高管的问责机制,补充业绩承诺期内高管减持股份的法律法规。

第二,并购双方应展开合理估值谈判,特别是收购方公司要深入了解标的公司的实际运营情况和发展前景,结合市场行业动态,方能就未来盈利预测情况设定合理的承诺定价,避免不切实际的高承诺和高溢价。研究结论也给收购方公司提供了谈判时的新思路,在赔偿金额的设定上尽量缩小与交易对价的差距,提高标的公司的违约成本,加大对自身利益的保护,同时可以考虑约定符合实际情况的奖励机制,采用双向业绩补偿的方式降低谈判成本,激励标的公司努力完成业绩。这对于打击恶意承诺现象、规范并购重组秩序，从而发挥信号传递的积极作用具有重要意义。

第三，研究结论提示投资者应谨慎投资决策，理性看待并购重组的业绩补偿承诺协议，帮助投资者理解我国现行业绩补偿承诺运行背后隐藏的机会主义动机，增强其风险识别能力，作为信息不对称的劣势一方，切勿盲目跟风式一味追求业绩补偿承诺的题材炒作。研究结论对于提高投资者客观分析标的公司的履约能力和盈利预测情况具有一定的现实意义。

第二节 研究思路、研究框架和研究方法

一、研究思路和研究框架

在阐述研究思路时，需要基于本书核心概念的定义，分别是业绩补偿承诺、市场反应、溢价率、并购绩效、盈余管理和高管减持。根据并购的时间进展维度，以业绩补偿承诺期为基准，层层推进，结合理论分析找到它们之间的逻辑关系。基于研究背景的分析，本书的研究问题主要分为四个部分：第一个研究问题是业绩补偿承诺的市场反应；第二个研究问题是业绩补偿承诺对溢价率的影响；第三个研究问题是业绩补偿承诺带来的并购绩效，以及分析其中的盈余管理动因；第四个研究问题是业绩补偿承诺对高管减持的影响。下面的研究框架（见图1-1）详细说明了本书的研究思路。

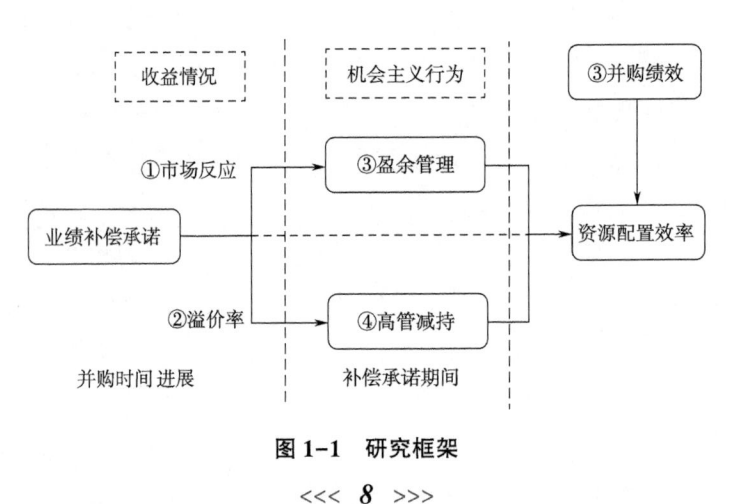

图1-1 研究框架

本书通过四个层面系统分析业绩补偿承诺协议对资源配置效率的影响，以检验我国并购重组活动的新兴契约方式在投资者保护方面发挥的真实效果。根据并购的时间进展维度，第一个研究问题是从首次公告日分析收购方公司的市场反应，第二个研究问题是从完成公告日分析标的公司获得的并购溢价。前两个研究问题立足业绩补偿承诺期之前的时期，分别是从收购方公司和标的公司角度检验业绩补偿承诺给交易双方带来的收益情况，后两个研究问题讨论的是业绩补偿期间及之后时期，依据并购绩效的情况，分析收购方公司及其管理层的机会主义行为。具体来看，第三个研究问题是检验业绩补偿承诺期刚结束，收购方公司的并购绩效是否出现明显下滑，一旦业绩发生明显"变脸"，很有可能是在业绩补偿承诺期内存在盈余管理的机会主义行为。第四个研究问题是检验拥有内部信息优势的高管如何看待公司的未来业绩，业绩补偿承诺是否诱发高管减持的机会主义动机。

第一个研究问题是业绩补偿承诺的市场反应，即讨论业绩补偿承诺与收购方股东财富的关系。有关并购重组活动的价值创造问题始终是学术界讨论的热点，在并购重组交易中引入业绩补偿承诺协议正是我国证监会保护中小投资者利益进行的尝试。资本市场存在的信息不对称问题，导致被收购方获得显著的超额收益，而收购方股东却没有获得同等的超额收益（Jensen and Ruback，1983；Bruner，2002），甚至收购方的股东财富明显受到损失（张新，2003；李增泉等，2005）。基于业绩补偿承诺协议有利于降低交易过程的信息不对称问题和投资不确定性（吕长江和韩慧博，2014），本书尝试检验该协议能否提高投资者的信心，进而带来积极的市场反应。

第二个研究问题是业绩补偿承诺对溢价率的影响，明确标的公司在签订业绩补偿承诺协议时的收益情况。并购溢价源于资本市场存在的信息不对称问题，收购方公司并不能完全掌握标的公司的全部信息，实际支付的交易价格往往会高于标的公司的内在价值（Nielsen and Melicher，1973）。基于业绩补偿承诺协议传递了关于标的公司更多的盈利预测信息，降低收购方公司的信息搜集成本，业绩的兜底保障有助于分散风险，同时增加了标的公司的议价能力。因此，本书尝试从业绩补偿承诺对溢价率的影响来分析标的公司的收益情况。

通过分析上述两个研究问题，厘清交易双方公司在补偿承诺期之前时期的收益情况，为接下来讨论补偿承诺期间收购方公司及高管的机会主义行为奠定基础。并购绩效是衡量并购活动成败的重要依据，也是投资者保护研究的最终落脚点。

第三个研究问题是讨论业绩补偿承诺期结束后的并购绩效情况。众所周知，如果标的公司未能完成高额的业绩承诺，容易导致上市公司的合并报表出现业绩下滑，收购方公司股价下跌，此时高管会面临巨大的业绩压力和声誉损失。因此，本书进一步检验并购绩效下降背后可能隐藏的盈余管理动因。在业绩补偿期间，收购方公司存在盈余管理动机，以缓解业绩压力和进行市值管理的需求，维持上市公司的股价，同时为高管减持创造条件。

第四个研究问题是分析在业绩补偿承诺协议下，高管是否看好公司的未来前景，抑或是选择借机减持套利。作为上市公司的重要经营决策者，高管充分了解公司整体运营和发展前景，在掌握信息优势的前提下，高管很可能利用内幕信息，通过对公司未来发展形势的精准预判实施减持策略。所以，高管持股比例的变化是反映其对公司发展是否具有信心的信号。现有研究发现，上市公司高管在减持股份上具有很强的时机把握能力（曾庆生，2008），他们往往在公司股价被高估时选择减持（谢德仁等，2016），利用信息优势获得超额收益（Ali and Hirshleifer，2017；马云飙等，2021）。因此，本书尝试检验业绩补偿承诺是否诱发高管减持股份，从而为理解业绩补偿承诺的负面效应提供可能的解释。

二、研究方法

本书主要采用规范研究分析方法和实证研究分析方法讨论业绩补偿承诺对资源配置效率的影响，分析该协议在投资者保护方面发挥的作用。在规范研究分析方法中，基于信息不对称理论、委托代理理论、信号理论、契约理论等，在研究问题的提出、文献回顾与述评以及理论分析与研究假设部分进行归纳、演绎等规范分析。在实证研究分析方法中，主要以数理分析检验理论假设和推导内容。具体而言：首先，借鉴已有研究成果界定本书的变量，并通过描述性统计初步检验代理变量的适用性；其次，通过相关性分析，检验变量之间是否存在多重共线性；再次，构造多元回归模型对研究问题进行检验，在基本的多元回归结果的基础上，还结合倾向得分匹配方法、熵平衡匹配法等进行稳健性检验，进一步丰富本书的研究内容。

第三节　研究内容和研究创新

一、研究内容

作为并购活动中致力于保护中小投资者利益的重要契约安排，业绩补偿承诺协议从一开始就引起了学者们的广泛关注，为探讨业绩补偿承诺协议对资源配置效率的影响和对中小投资者的保护效应，本书主要的研究内容如下：

第一章是绪论，首先通过介绍研究背景，明确本书的研究动机，并提出研究问题，概括理论意义和实践意义；其次是提炼本书的研究思路、厘清研究框架、阐述研究方法；最后在总结研究内容的基础上，找到可能存在的研究创新。

第二章是文献回顾与述评，共分为六节的内容，前五节分别阐述并购重组的市场反应、并购重组的溢价率、并购重组与盈余管理、高管减持和业绩补偿承诺的现有研究成果，最后一节是对现有研究成果的文献述评，主要是在总结已有研究结论的基础上，找到尚存的研究空间和未来的研究方向。

第三章是业绩补偿承诺的理论基础与制度背景，主要的内容分为两部分：第一部分总结国内外相关的理论基础，分别从信息不对称理论、委托代理理论、信号理论、契约理论进行梳理，为后文的分析做好理论铺垫。第二部分结合我国资本市场的实际情况，回顾业绩补偿承诺协议的制度背景，系统介绍业绩补偿承诺协议的具体含义、起源、发展历程和现状，以及与国外资本市场 Earnout 协议的区别。

第四章是业绩补偿承诺的市场反应研究，主要包括四个方面的内容：第一部分是对业绩补偿承诺和市场反应的关系进行理论分析，讨论我国制度环境下的业绩补偿承诺协议对于降低信息不对称问题以及提升市场投资信心的积极效应，并提出研究假设。第二部分是研究设计，介绍本章的样本选择和数据来源，并借鉴现有研究界定核心变量，构造回归模型。第三部分是依据研究设计进行实证检验和多元回归结果分析，验证本章的研究假设是否成立。另外，通过手工搜集整理业绩补偿承诺的具体条款，从多个维度检验协议内容带来的差异影响。本书还进行了变量替换、内生性检验等一系列的稳健性检验。第四部分是简要总结本章的内容。

第五章是业绩补偿承诺与溢价率的关系研究，主要包括四个方面的内容：第一部分是对业绩补偿承诺和溢价率的关系进行理论分析，从并购溢价角度，讨论标的公司的收益情况，并结合多元化并购的跨行业、信息不对称问题较为严重的特点进行调节机制分析，提出研究假设。第二部分是研究设计，介绍本章的样本选择和数据来源，并借鉴现有研究界定核心变量，构造回归模型。第三部分是依据研究设计进行实证检验和多元回归结果分析，验证本章的研究假设是否成立。同时结合手工搜集的业绩补偿承诺样本的具体条款展开进一步分析，随后进行变量替换、内生性检验等一系列的稳健性检验。第四部分是简要总结本章内容。

第六章是业绩补偿承诺与并购绩效的关系研究，主要包括五个方面的内容：第一部分是讨论业绩补偿承诺与并购绩效的关系。由于业绩补偿期内尚有赔偿条款的约束，随着补偿期结束不再进行业绩考核，收购方公司的经营业绩和公司价值是否发生明显的下滑，成为判断此次并购成败和投资者利益是否受损的关键因素。第二部分是依据前文的并购绩效情况，探讨其中可能隐藏的盈余管理动因。标的公司的高额业绩承诺一旦没有完成，容易导致上市公司的合并报表出现业绩下滑，收购方公司股价下跌。此时，上市公司的高管会面临巨大的业绩压力和声誉损失，极有可能诱发盈余管理动机，本章据此思路提出研究假设。第三部分是研究设计，介绍本章的样本选择和数据来源，并借鉴现有研究界定核心变量，构造回归模型。第四部分是依据研究设计进行实证检验和多元回归结果分析，验证本章的研究假设是否成立。需要注意的是，由于本章开始研究业绩补偿承诺期内的长期经济后果，除了手工搜集业绩补偿承诺协议的具体条款外，还针对盈利预测的完成情况进行手工整理，结合标的公司的业绩兑现情况展开讨论。随后进行变量替换、内生性检验等一系列的稳健性检验。第五部分是简要总结本章内容。

第七章是业绩补偿承诺与高管减持的关系研究。本章与第四章、第五章和第六章的结构类似，主要包括四个方面的内容：第一部分是对业绩补偿承诺和高管减持的关系进行理论分析，持股比例的变动反映出高管对公司发展前景是否具有信心，基于第六章发现的业绩补偿承诺协议中隐藏的盈余管理动机为上市公司高管减持创造了空间，据此提出本章的研究假设，检验业绩补偿承诺协议是否诱发高管减持的机会主义行为。第二部分是研究设计，介绍本章的样本选择和数据来源，并借鉴现有研究界定核心变量，构造回归模型。第三部分是依据研究设计进行实证检验和多元回归结果分析，验证本章的研究假设是否成立。由于本章同样是研究业绩补偿承诺期内的长期经济后果，除了手工搜集业绩补偿承诺协议的具体条款外，还针对盈利预测的完成情况进行手工整理，通过标的公司的业绩兑现情况检验其对高管减持的差异影响。接下来是替换主要变量和考虑内生性问题等一系列的稳健性检验。第四部分是简要总结本章内容。

第八章是研究结论与研究展望。在前述章节的研究背景、理论分析和实证检验的基础上，提炼总结全书的研究结论，并依据各部分的研究结论提出对应的政策建议，以期优化和进一步完善业绩补偿承诺机制。随后通过分析找到其局限性，展望未来可能的研究方向。

综上所述，本书的技术路线如图1-2所示。

二、研究创新

本书的研究创新主要在于：

首先，本书系统分析了在我国制度环境下资本市场特有的业绩补偿承诺协议在并购活动中发挥的实际作用，厘清了与国外资本市场 Earnout 协议的差异，并结合四个层面拓展了该协议对资源配置效率的影响，从更完整的时间维度理解其带来的经济后果。虽然从短期来看，业绩补偿承诺的市场反应更好，溢价率更高，但是从长期来看，业绩补偿承诺会给并购绩效带来负面效应，收购方公司会进行更多的盈余管理行为，而且高管对公司未来的业绩也没有展示出信心，反而实施减持套现。整体来看，我国业

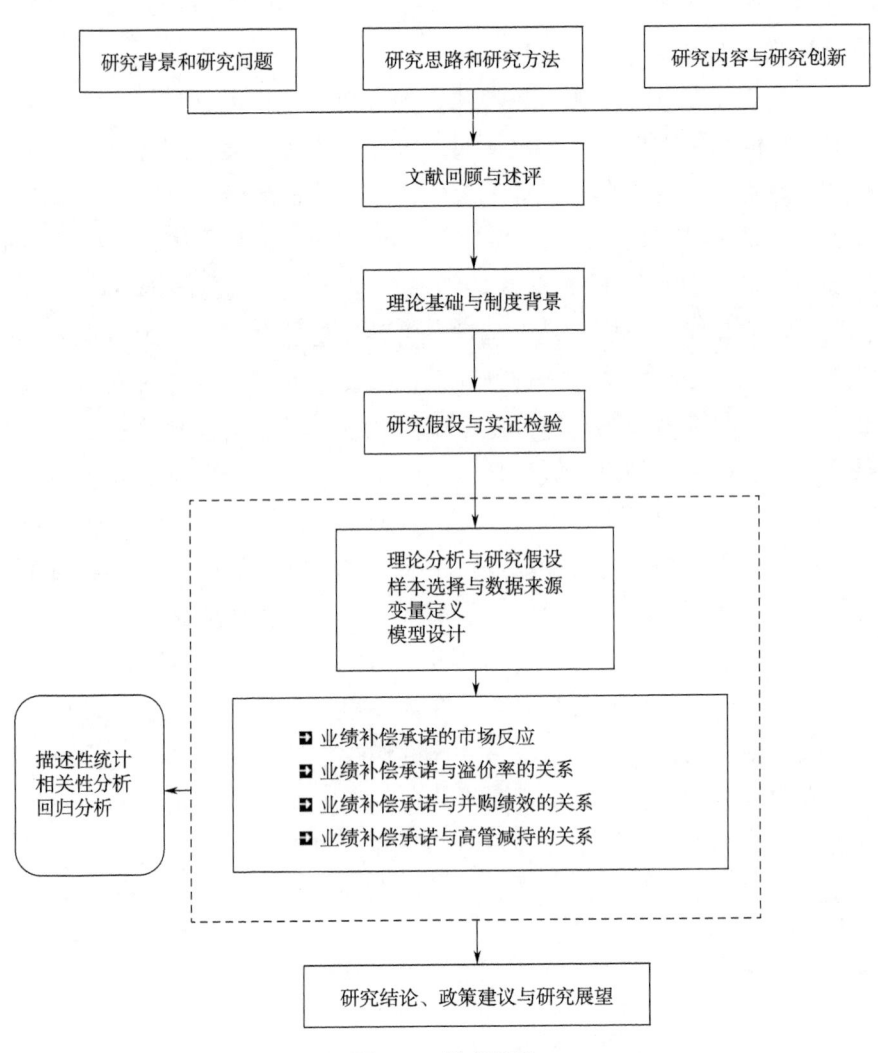

```
┌─────────────────┐  ┌─────────────────┐  ┌─────────────────┐
│ 研究背景和研究问题 │  │ 研究思路和研究方法 │  │ 研究内容与研究创新 │
└────────┬────────┘  └────────┬────────┘  └────────┬────────┘
                              ▼
                    ┌──────────────────┐
                    │   文献回顾与述评   │
                    └────────┬─────────┘
                              ▼
                    ┌──────────────────┐
                    │  理论基础与制度背景 │
                    └────────┬─────────┘
                              ▼
                    ┌──────────────────┐
                    │ 研究假设与实证检验  │
                    └────────┬─────────┘
                              ▼
                    ┌──────────────────┐
                    │ 理论分析与研究假设 │
                    │ 样本选择与数据来源 │
                    │     变量定义      │
                    │     模型设计      │
                    └──────────────────┘
  ┌──────────┐       ┌──────────────────────────────┐
  │描述性统计 │ ◄──── │ ► 业绩补偿承诺的市场反应       │
  │相关性分析 │       │ ► 业绩补偿承诺与溢价率的关系    │
  │ 回归分析 │       │ ► 业绩补偿承诺与并购绩效的关系   │
  └──────────┘       │ ► 业绩补偿承诺与高管减持的关系   │
                    └──────────────┬───────────────┘
                                   ▼
                    ┌──────────────────────────┐
                    │ 研究结论、政策建议与研究展望 │
                    └──────────────────────────┘
```

图 1-2　技术路线

绩补偿承诺协议并没有带来资源配置效率的提升。

在短期经济后果研究中，吕长江和韩慧博（2014）、翟进步等（2019）已经讨论业绩补偿承诺的市场反应、业绩补偿承诺对溢价率的影响，但是他们都针对某一种特定类型的并购，缺乏关于 A 股上市公司并购重组的大样本研究，并且 3 年的研究时间范围较短，时间选定较为主观，这也是李晶晶等（2020）认为现有研究存在的局限性之一。本书基于现有研究基础和上述有待挖掘的研究空间，不仅以 A 股上市公司的并购重组为研究对象，从更长的时间范围讨论这种独特的并购契约带来的市场反应和溢价率，而且从业绩补偿承诺的具体条款方面补充了上述短期经济后果的研究，打开该机制运行的"黑箱"。另外，与现有研究最大的区别还在于，本书以业绩补偿承诺期为基准，从盈余管理和高管减持的机会主义动机方面拓展了业绩补偿承诺的长期经济后果研究，承诺期刚结束，上市公司就发生绩效下滑，而且收购方公司存在明显的上调盈余行为，高管利用信息优势减持股票，证实业绩补偿承诺在投资者保护方面存在的缺陷。

其次，不同资本市场环境和制度背景决定了国外 Earnout 协议和我国业绩补偿承诺协议在支付方式、金融本质和融资功能等方面都存在较大差异，不能简单照搬国外的研究结论，需要结合我国制度环境分析这种新兴的并购契约给资本市场带来的影响。而国内研究较少讨论业绩补偿承诺具体条款的差异影响，本书通过手工搜集是否双向补偿、是否分年度补偿以及是否包含股份赔偿这三个方面内容，深入契约条款的具体内容层面，丰富了业绩补偿承诺协议的经济后果研究，通过探讨不同契约条款带来的差异影响，深入理解相关条款的内涵。

最后，本书丰富了并购活动中盈余管理和高管减持的影响因素研究，找到盈余管理和高管减持的新动因。既然讨论业绩补偿承诺协议的实际运行效果，就应该将补偿承诺期间纳入研究范围。作为理性经济人，收购方公司及其管理层会根据标的公司未来盈利预测的实际完成情况采取不同的行动策略，而现有研究大多立足于并购完成日当年的影响，较少讨论业绩补偿承诺期间及补偿期结束的后续影响，缺乏关键的业绩兑现期的研究。这一方面是受限于兑现情况的数据可得性，需要未来多年的数据，并且需要通过人工逐年查找盈利预测的实现情况；另一方面是对研究设计还未引起足够重视。本书针对上述研究空间，通过手工搜集业绩实现情况，结合业绩补偿期进行双重差分模型（DID）的研究设计，找到业绩补偿承诺对盈余管理和高管减持影响的净效应，进一步聚焦提供业绩补偿承诺的样本，分析契约条款的具体内容带来的差异影响，为我国资本市场的盈余管理和高管减持的动机研究提供新的实证角度和经验证据。

除此之外，研究结论对规范和完善业绩补偿承诺具有重要启示和现实意义。本书提示市场要谨慎并理性看待业绩补偿承诺，指出该协议带来的市场炒作问题。另外，本书认为，保护投资者利益，根本在于降低代理成本，要从深层次考虑如何在机制上促进收购方管理层筛选有利于公司长远发展的标的资产进行并购，而不是借助业绩补偿承诺增加交易双方的市场逐利机会，滋生新的投机行为。

第二章 文献回顾与述评

本章通过回顾有关并购重组活动的市场反应、并购重组活动的溢价率、并购重组与盈余管理的关系、并购重组与高管减持的关系以及我国并购重组中的业绩补偿承诺协议等方面的相关国内外研究，对比找到本书可能存在的研究创新点和研究空间，明确研究动机和研究问题，为后面章节的研究提供文献支撑和依据。

第一节 并购重组的市场反应文献回顾

并购重组作为影响公司股价的重大事件，是管理层为实现市场估值最大化目标最为关心的经济活动之一（Campa and Hajbaba，2016）。众所周知，并购重组的市场反应与股东财富密不可分，也是衡量并购活动价值创造的重要内容。早期西方成熟资本市场的研究发现，并购重组通常能够为标的公司的股东带来显著的超额收益（Dodd and Ruback，1977），随后的研究发现标的公司的股东获得的累计平均超额收益率可高达20%~35%（Franks and Harris，1989；Schwert，1996），却很少为收购方股东带来同等超额收益，而收购方公司的股东虽然没有获得显著收益，但至少也没有财富损失（Jensen and Ruback，1983）。可是关于收购方股东财富的研究并没有达成统一的看法。有学者通过观测不同的事件窗口期发现，收购方公司的股东面临显著的收益损失（Jarrell et al.，1988；Andrade et al.，2001），累计股东财富损失约为10%（Agrawal et al.，1992）。

针对收购方股东是否获得显著超额收益的不一致结论，Travlos（1987）认为主要原因是没有考虑并购支付方式的影响。当采用股份支付方式时，根据信号传递理论，会向市场发出公司价值高估的信号，使收购方公司股东受损，而采用现金支付方式时，收购方公司股东则可获益。

Franks 等（1991）也证实了当交易双方采用现金支付方式时获得的超额收益率远高于采用股份支付方式时获得的超额收益率，并且交易双方的相对规模越大，超额收益越多。

沿着上述并购支付方式的研究思路，还有学者尝试进一步结合不同类型的标的公司来解释收购方股东能否获得超额收益。按照标的公司是否为上市公司，Chang（1998）发现以现金支付方式收购上市公司，并不能显著增加收购方股东的收益，但是以股份支付方式收购非上市公司时，可以显著增加收购方股东财富。作者对此的解释是：股份支付方式导致出现新的大股东，从而监督并改善收购方公司的经营状况。当标的公司为非上市公司时，Fuller 等（2002）认为并购活动提高了其流动性，使收购方获益匪浅，而后 Moeller 等（2004）、Masulis 等（2007）均证实当上市公司收购非上市公司时，收购方会获得显著的正向超额收益。

实践中，各行业的公司进行并购活动的时机、频率以及目标公司的选择都具有较大差异（Mitchell and Mulherin，1996），大多数学者支持跨行业的并购会导致负向超额收益率的观点。Agrawal 等（1992）发现多元化并购的长期市场反应显著为负，Gregory（1997）得出多元化并购的平均累计收益率比同行业并购的平均累计收益率低 8% 左右的结论，但是两种并购的累计收益率都为负数，Maquieira 等（1998）也证实混合并购会导致收购方股东财富受损，Berger & Ofek（1999）发现归核化公司的并购获得显著为正的超额回报率，侧面印证了多元化折价的观点。

并购重组是管理层的重大投资决策，Roll（1986）还从管理层的个人特质方面提出"管理层过度自信假说"，该假说认为由于管理层的狂妄自大使其在并购过程中往往高估并购收益和过度支付对价，最终导致收购方公司的市场反应为负，无法为收购方股东创造价值。

国内研究方面，我国学者发现上市公司的并购活动会提升标的公司的价值（张新，2003），却不能给收购方公司带来显著正向的超额回报（陈信元和张田余，1999；李善民和李珩，2003）。李增泉等（2005）、潘红波等（2008）结合控股股东和地方政府干预等制度背景，均证实收购方公司的股东获得了显著负向的超额收益率。

但是，也有学者提出相反的看法。李善民和陈玉罡（2002）研究我国上市公司并购活动的财富效应，他们发现并购对标的公司的财富效应不明显，却提高了上市公司的股东财富。他们解释了与 Jensen & Ruback (1983) 结论刚好相反的原因，我国彼时的并购主要是政府主导进行的，并不是双方公司市场化交易的体现。缺乏竞争对手会使得收购方公司股东财富增加，并且国家股占比和法人股占比高的收购方公司，其股东财富增加得更明显。而标的公司受特殊制度背景影响，即使提出较高的交易价格也未必有实际效果，甚至会减少标的公司的股东财富。宋希亮等（2008）在区分短期和长期事件窗口后发现，在短期内收购方公司的股东获得显著正向的超额回报，只不过从长期窗口来看，收购方股东的超额回报明显为负。

在并购支付方式方面，陈涛和李善民（2011）分析认为我国上市公司在并购活动中采用股份支付方式，可以为收购方股东带来显著正向的超额回报，并且明显高于现金支付方式获得的财富效应，这一点与 Chang (1998) 的研究结论相一致。

多元化并购的市场反应方面，我国学者进行了较为深入的研究。冯根福和吴林江（2001）认为虽然上市公司热衷于进行混合并购，并且可以获得显著的短期收益，但是由于跨行业的管理经验等方面存在不足，长期来看，与横向并购、纵向并购基本没有差异，而横向并购的收益始终是稳中上涨的趋势。李善民和朱滔（2006）、洪道麟等（2006）证实了多元化并购造成收购方股东财富损失的问题。高燕燕等（2018）结合我国转轨经济背景研究多元化并购的市场反应，他们发现国有企业在进行多元化并购后的累计超额收益率显著为负，并且价值毁损集中表现于地方国有企业分组，央企进行多元化并购的市场反应更积极。

除此之外，并购后的整合过程需要一定的时间，而能否实现预期的协同效应不仅关乎并购成败，也决定着收购方公司股东财富是否增加。蔡宁（2019）从中国本土方言文化的特殊角度出发，研究发现交易双方的方言差异越大，提供增量学习的机会越多，文化差异带来的"学习效应"有助于加快实现协同效应，因此收购方公司的市场反应越好。

第二节 并购重组的溢价率文献回顾

由于资本市场存在的信息不对称问题,收购方公司并不能完全掌握标的公司的全部信息,支付的实际交易价格往往会高于标的公司的内在价值(Nielsen and Melicher, 1973)。已有研究证实并购活动支付了过高的并购溢价(Roll, 1986; Berkovitch and Narayanan, 1993; Malmendier and Tate, 2008),多数并购活动没有或较少创造价值,损害了收购方股东的利益(Porter, 1987; Bruner, 2002)。

国外学者对溢价率的动因研究主要从协同效应、并购特征、管理层特征以及外部制度环境等方面展开。首先,从本质上讲,并购溢价是收购方公司为实现整合后的协同效应愿意支付的成本(Bradley et al., 1988; Slusky and Caves, 1991; Berkovitch and Narayanan, 1993; Hayward and Hambrick, 1997; Malmendier and Tate, 2008)。协同效应的预期方面,溢价率的高低取决于对被收购企业的经营业绩、研发技术的预期以及经营管理协同、财务协同等方面的影响(Nielsen and Melicher, 1973; Varaiya, 1987; Slusky and Caves, 1991; Gondhalekar et al., 2004; Laamanen, 2007)。除被收购方公司的上述特征外,还有学者发现标的公司的股权集中程度也是影响溢价率的重要方面,当标的公司的股权越分散时,其议价谈判能力就越强,并购溢价率更高(Ferguson, 1994)。

当然,也有学者不认可协同效应是影响并购溢价率的主要因素这一观点,收购方公司支付的高溢价并不一定产生经营管理上的协同效应(Weber and Dholakia, 2000),存在其他解释高溢价现象的因素(Homberg et al., 2009),传统意义上的并购协同效应受到巨大的挑战。

部分学者尝试从并购特征进行解释。Hirshleifer & Titman(1990)研究发现关联交易的并购溢价率更低。企业进行的多元化并购也是溢价率的重要影响因素之一,特别是当处于宏观经济衰退期时,企业多元化并购有助于分散风险,降低损失(Mukherjee et al., 2004)。Wansley 等(1983)发现相对于多元化并购而言,横向并购或纵向并购的溢价率更高;从并购支付方式来看,相对于股份支付方式,采用现金支付方式可以为标的公司带来双倍的溢价收益。Eckbo & Langohr（1989）也支持现金支付方式的溢价率更高的观点，并给出资本利得税是造成两种支付方式溢价率不同的主要原因。而 Walkling & Edmister（1985）提出不一致的看法，他们认为标的公司股东在现金支付方式下的收益超过股份支付方式下的收益，因此现金支付方式的溢价率应该更低。此外，针对高科技公司和技术密集型企业的并购活动，Laamanen（2007）发现其溢价率更高，但是这种高溢价并没有导致收购方公司的股东财富损失。

其次，在管理者特质方面，现有研究主要集中以管理层过度自信理论和委托代理理论解释并购溢价问题。过度自信理论认为，高溢价产生的根源是收购方盲目自大的管理层高估并购后带来的收益（Roll，1986）。Hayward & Hambrick（1997）实证分析证实了这一观点，他们发现并购溢价和过度自信确实存在显著正相关的关系。而行为金融学除了在"过度自信假说"之外，还有从"赢者诅咒"方面解释，即在众多竞争对手同时出资报价的情况下，只有付出较高的溢价成本才能加大收购方公司中标的概率，获得最终的胜利（Ruback，1982）。

委托代理理论认为，股东和管理层的目标函数不一致，管理层出于构建企业帝国等动机进行并购活动，即使这些并购活动效果不佳（Jensen and Meckling，1976）。Lang et al.（1991）研究发现当公司自由现金流充足时，管理层宁愿支付较高的对价进行低收益的并购，也不愿向股东支付股利。Shleifer & Vishny（1997）的研究支持高额溢价源于管理层谋求个人收益最大化。

管理层的其他个人特征层面，Beckman 等（2002）还发现具有丰富并购经验的合伙人可以显著降低上市公司的并购溢价。Frijns 等（2013）认为规避不确定性风险的 CEO 倾向支付较低的溢价，因而不太可能进行多元化并购或海外并购。

并购溢价是双方交易谈判的结果，除了从收购方公司管理层的角度研究外，还有学者从标的公司管理层持股进行分析。由于担心标的公司的控制权发生转移和私人利益受损，标的公司管理层会采取策略提高交易对价，从而导致并购活动的高溢价现象。Song & Walkling（1993）、Bargeron（2008）均发现标的公司管理层持股比例和并购溢价显著正相关，管理层在交易价格博弈过程中更加积极和主动。

此外,部分学者围绕外部制度环境讨论其对溢价率的影响,他们主要从行业和市场的不同发展阶段、标的公司所在国的投资者保护程度和错误定价角度分析发现,在高成长性行业、投资者保护程度越好、错误估值越大的情况下,并购的溢价率越高(Varaiya, 1987; Shleifer and Vishny, 2003; Rhodes-Kropf and Viswanathan, 2004; Rossi and Volpin, 2004; John et al., 2010)。

国内研究方面,大多数学者都支持当存在信息不对称和竞争对手时,收购方公司只有提高并购溢价才能促成交易(陈绍刚和程艳华,2012),同时为实现并购协同效应,收购方公司支付了较高程度的溢价水平(温日光,2015;陈仕华等,2015;杨威等,2019)。从并购支付方式来看,谢纪刚和张秋生(2013)、葛伟杰等(2014)均认为我国并购重组活动采用股份支付方式的溢价率显著高于现金支付方式的溢价率。收购方公司在股票高估时倾向采用股份支付,但是标的公司同样意识到其股价虚高,且股价的未来不确定性较大,因而会要求较高的并购溢价。

此外,锚定效应和管理层过度自信等都是行为金融学领域分析管理层非理性特征的重要内容,我国学者对此也进行了细致的分析。陈仕华和李维安(2016)发现我国管理层的并购溢价决策受到理性因素和非理性的锚定效应共同影响。曾春影等(2019)结合我国制度背景检验了管理层过度自信对溢价率的影响。他们发现知青经历容易导致CEO产生自我归因偏差,高估自己对决策结果的掌控能力,反映到并购投资中,CEO支付了较高的溢价水平。于洪鉴等(2019)得到截然相反的结论,自恋程度较高的CEO在并购谈判过程中的议价能力更强,所以收购方公司需要支付的溢价水平就更低,并以此展示自己具有较强的个人能力,进而获得成就感。

陈仕华和卢昌崇(2013)还从管理层的企业网络关系视角入手,他们发现标的公司的溢价决策会模仿联结企业的并购溢价,而且受到联结企业此前的并购活动所支付溢价的影响,二者是正相关关系。

当然,还有学者就第三方中介机构进行讨论,诸如是否有风险投资机构的参与、交易双方共享审计和分析师以及财务顾问的关系网络和声誉机制等都会对并购溢价产生差异影响(李曜和宋贺,2017;姚海鑫和李璐,

2018；宋贺和段军山，2019；马慧，2019），这部分研究主要围绕降低信息不对称问题和缓解利益冲突等方面展开讨论。

最后，在制度环境方面，国内研究取得了丰富的研究成果。标的公司所在国的风险规避意识、国家文化差异、产业政策、敏感行业、地区社会信任程度、党组织参与公司治理等都是影响并购溢价率的重要制度环境因素（陈仕华和卢昌崇，2014；温日光，2015；孙淑伟等，2017；王艳和李善民，2017；钟宁桦等，2019）。

第三节 并购重组与盈余管理的文献回顾

国外学者最早对公司盈余管理行为研究的观点不一。例如，有人认为盈余管理是一种基于会计准则和规章制度的框架内，调整公司对外披露的财务报告信息以实现企业价值最大化的目标，有人认为盈余管理是一种管理层有意识的操纵财务报告信息，从而谋取个人利益的最大化。这些都说明盈余管理广泛存在于上市公司的信息披露管理中，始终是学术界讨论的热点话题。盈余管理的动机可分为契约动机、政治成本动机和资本市场动机。

契约动机源于两权分离和信息不对称问题导致契约并不完备，无论是公司内部的委托人和代理人之间的薪酬契约，还是公司和外部债权人之间的债务契约等，在契约执行过程中难免发生摩擦，而盈余信息是衡量企业经营业绩和契约完成情况的重要指标和参考依据，这就导致拥有信息优势的管理层可以通过盈余管理寻求利益最大化（Healy，1985；Guidry et al.，1999）。

政治成本动机主要是源于企业处于不同的监管制度环境，当面临反垄断监管、行业规章制度约束和税务部门督查时，大多情况下仍以盈余水平作为判断依据。此时企业出于降低政治成本的考虑，有强烈动机通过盈余管理寻求政治租金、获得政治关联或者政府补贴，尽可能避免发生违反行业规定或政策的行为，最大程度地适应制度环境的约束（Watts and Zimmerman，1978；Han and Wang，1998）。

资本市场动机是指公司为寻求在 IPO、并购重组活动、达到或超过分析师的盈利预测目标等资本市场活动中的利益最大化进行的盈余管理行为（Teoh et al., 1998；Erickson and Wang, 1999；Abarbanell and Lehavy, 2003；Louis, 2004；Burgstahler and Eames, 2006）。而在盈余管理的资本市场动因研究中，关于并购重组与盈余管理之间的关系，国外资本市场主要从并购活动的特征、交易双方公司视角（收购方公司和标的公司）以及公司的内部治理结构和外部制度环境等方面展开研究。

首先来看并购活动的特征方面，现有文献分别从并购支付方式（Erickson and Wang, 1999；Louis, 2004；Botsari and Meeks, 2008；Gong et al., 2008；Higgins, 2013）、并购公告发布时机（Louis and Sun, 2016）、并购类型（Easterwood, 1998）等方面进行一系列的讨论和分析。

对于并购支付方式而言，学者们普遍认为股份支付方式的并购中管理层进行盈余管理的倾向更明显（Shleifer and Vishny, 2003；Botsari and Meeks, 2008；Gong et al., 2008；Higgins, 2013）。他们的研究思路基本一致，若股票市场是半强式有效的，那么上调盈余会误导市场，提高股票价格和公司价值，进行盈余管理的收购方公司则以更有利的股票交换率实施并购，降低了收购成本；而采取现金支付方式的并购，盈余管理现象不明显（Erickson and Wang, 1999）。但不论哪种支付方式，最终都会导致并购后的业绩不佳（Louis, 2004；Faccio and Masulis, 2005）。

当然，也有研究得到不一致的结论。尽管收购方公司的经营业绩水平超过了同行业其他公司，Heron & Lie (2002) 并没有发现任何证据表明收购方在并购前进行了应计盈余管理。区分不同类型的并购支付方式后，他们发现股份、现金或者混合支付方式在收购前的可操控性应计项目或收购后的经营业绩变化中都没有差异。因此，支付方式没有提供有关公司未来经营业绩的信息。

在并购公告发布时机的选择上，Louis & Sun (2016) 验证了收购方管理层在换股并购中的机会主义行为。他们发现盈余虚高程度越大的收购方公司，更倾向在周五宣布并购公告，以利用投资者在当天的有限关注，并且管理层在此之前的几个季度就已经进行应计盈余的调整。

除此之外，还有一些研究从并购类型的角度分析。一方面，按照是否善意收购分类，DeAngelo (1986)、Easterwood (1998)、Erickson & Wang

（1999）认为在敌意收购类型中，标的公司管理层有动机增加报表的盈余水平，以说服股东拒绝收购要约，而 Easterwood（1998）发现被善意收购的标的公司并没有进行盈余调增。但是 Ben & Missonier（2008）得到不一致的结论，他们认为在善意收购发生的前一年，标的公司存在显著的向下盈余管理行为。另一方面，Dai 等（2017）针对大宗交易并购类型进行了跨国样本的研究，他们发现标的公司的盈余管理水平和收购方公司的盈余管理水平相一致，并从监管有效性、监管成本和监管环境三种机制证实了大宗交易收购方将自己的治理质量转移给标的公司，为大宗交易收购方的治理转移效应提供新的证据。

既然收购方管理层在股权收购前有调增盈余的动机，那么审计是否有助于发现和纠正管理层的盈余管理行为？Lennox 等（2018）利用中国制度背景发现，在股票融资收购之前出现了较大幅度的向下审计调整，虽然这种下调是非常有必要的，但却没有完全纠正审计后财务报告存在的违规问题。

其次，开始有学者转向研究标的公司的盈余管理行为，他们发现标的公司会大幅调整盈余信息，进行向上的盈余管理行为（Christie and Zimmerman，1994），主要是因为盈余信息作为向外界传递潜在盈利状况的信号，直接影响并购交易的价格，推高标的公司的股价以便于其获得较高的并购溢价（Vasilescu and Millo，2016）。同时，并购活动促使标的公司管理层有强烈动机进行盈余管理（Moeller et al.，2004；Antoniou et al.，2008），便于他们获得股票期权增值、奖金、黄金降落伞、职位升迁等私人利益（Shleifer and Vishny，2003；Hartzell et al.，2004）。Elnahas 等（2017）支持标的公司的管理层通过削减费用支出以达到调增盈余的目的。而相比应计盈余管理，真实盈余管理更容易实现，诉讼风险更小（Graham et al.，2005），更难以被审计人员和其他监管部门发现（Zang，2012；Kothari et al.，2016），尤其是在现金支付方式的并购中，标的公司通过真实盈余管理损害并购绩效（Campa and Hajbaba，2016）。但是 Elrazaz 等（2021）的调查却得到不一致的结论，他们发现虽然标的公司通过削减并购前一年可自由支配的费用来提高盈余，但是相对于单独采用现金支付或者混合支付方式而言，股份支付方式下，标的公司的盈余管理动机更强烈。

还有研究同时考虑收购方公司和标的公司的盈余管理之间的关系。Chen 等（2016）对并购交易双方的盈余管理转移问题进行探讨后发现，盈余和现金流管理不仅存在于公司内部，而且在收购方公司和标的公司之间发生转移。当投资者的注意力下降时，标的方公司会降低业绩，而业绩低估的绝大部分会转移到用于提高收购方业绩上。

根据行业和地理位置在信息不对称程度上存在的差异，Vasilescu & Millo（2016）研究发现行业多元化缓解了标的公司的盈余管理，而行业多元化和地理位置多元化的有机结合与较低程度的盈余管理相关，这与 Jiraporn 等（2008）的研究是一致的。但是当单独分析地理位置多元化与盈余管理的关系时，回归结果在统计上并不显著。

内部和外部制度环境同样扮演着重要角色。在收购保护制度和盈余管理的关系方面，交错董事会制度被广泛认为是反收购的重要手段。Zhao & Chen（2008）以交错董事会衡量收购保护程度，他们发现收购保护程度越好，应计盈余管理的程度越低。随后，Zhao 等（2012）从真实盈余管理角度再次证实了收购保护制度对抑制盈余管理的积极效果，与 Stein（1988）关于收购压力导致管理层短视的预测一致，他们发现缺乏收购保护的公司表现出更高的真实盈余管理水平。因此，加强收购保护对于抑制管理层的盈余管理行为具有重要意义。在法律诉讼方面，Gong 等（2008）研究发现股份支付方式的并购，收购方公司在并购前的异常收益与并购后的法律诉讼之间存在显著的正相关关系。因此，投资者不仅要识别由于收购方公司的盈余管理行为对股价造成的影响，而且要考虑盈余管理行为所导致的法律诉讼带来的负面经济后果。

股市周期的宏观经济环境方面，Botsari & Meeks（2018）分别在牛市和熊市下重新审视公司进行并购活动时的盈余管理行为，他们认为盈余管理在牛市情况下更为明显，此时正向的可操控性应计利润和超额收益显著正相关。但是却与信号理论的预期相反，在牛市时这些正向的超额收益不会因宣布换股收购而发生反转。这表明在股票市场高涨时，盈余管理使收购方公司能够以较少的股份完成收购，并获得显著的经济收益。

关于并购活动中的盈余管理行为对公司绩效的影响，大部分学者都支持盈余管理会对并购绩效产生不利影响的观点，这种机会主义行为造成公司并购绩效下降，损害了收购方股东利益（Louis，2004；Campa and Hajbaba，2016）。

国内研究发现我国上市公司在并购重组过程中存在明显的盈余管理行为（曾昭灶和李善民，2009；冯红卿等，2013；王珏玮等，2016；路军伟等，2019），甚至管理层面临股权激励计划等情况时，进行大量的并购重组以便于操纵当期盈余，谋取私人利益（潘星宇和沈艺峰，2021）。同时，收购方公司盈余管理还具有择时性的特点，通常选择在会计期间的下半年进行盈余管理，以向市场传递出更多"利好"消息（孙梦男和吴迪，2017）。王珏玮等（2016）提出，如果并购后收购方公司的收益较低，那么其在重组完成后的2年时间内会进行显著向上的盈余管理行为，以此来增加公司业绩。

除了研究并购过程的盈余管理行为，还有学者对比并购前后公司的盈余管理行为，大多学者认为上市公司利用盈余管理方式进行利益输送。曾昭灶和李善民（2009）发现我国上市公司在控制权转移前后分别进行负向和正向的盈余管理，而这种盈余管理一方面反映了交易双方的合谋动机，另一方面反映出收购方公司借机谋取私利的隐藏动机。章卫东（2010）研究发现在定向增发之前，上市公司进行盈余管理行为，但是定向增发的类型不同，使得盈余管理的方向截然相反。张自巧和葛伟杰（2013）认为管理层在并购前后的盈余管理方式不同，灵活交替使用应计盈余管理和真实盈余管理两种方式。

当然，也有学者提出不一致的看法，他们认为并购完成后并不存在显著的盈余管理现象。黄新建和段克润（2007）就得到并购完成后盈余管理不显著的结论。

并购支付方式对盈余管理的影响方面，我国学者得到较为一致的结论。赵立彬和张秋生（2012）探讨股份支付方式的并购，收购方交易完成之前进行显著的向上盈余管理，最终导致较差的并购绩效。张自巧和葛伟杰（2013）同样支持他们的观点，交易双方采用股份支付方式诱导上市公司进行盈余管理，造成未来的并购绩效降低。

除此之外，资本市场的信息中介是不容忽视的力量，应千伟等（2017）从媒体关注角度发现，当进行并购活动时，上市公司面临较大的市场压力使其盈余管理程度更高。

在外部制度环境方面，吴联生和王亚平（2007）认为盈余管理与投资者保护、会计准则等监管制度密不可分。谢德仁（2011）从债务重组角度支持上述观点，他提出资本市场的监管制度对抑制并购活动中的盈余管理行为发挥着至关重要的作用，但会计准则的效果明显不如资本市场监管规则。罗声明（2011）认为政府干预和再融资政策的特殊制度背景，使收购方公司在并购前进行显著的盈余管理行为，而我国的监管体制和法律法规对于抑制这种盈余管理行为依然任重而道远。

并购绩效是体现上市公司并购重组活动成败的重要经济指标，而国内学者已经证实并购重组中盈余管理的存在性，随后他们进一步分析了盈余管理对并购绩效的影响，但是得到的结论不尽相同。

大部分学者支持并购后的公司绩效出现大幅下降的原因之一是收购方公司进行显著的盈余管理行为。罗声明（2011）提出在政府干预背景和现有的融资环境下，虽然企业在并购活动中的盈余管理是一种理性行为，但是显而易见会导致并购后的公司绩效下滑。赵立彬和张秋生（2012）、张自巧和葛伟杰（2013）都赞成盈余管理和并购后的公司绩效是负相关关系，这种机会主义行为最终对并购绩效造成不利影响，严重损害了中小投资者的切身利益。但是也有学者得到相反结论，盈余管理和未来公司业绩是正相关关系。王克敏和刘博（2014）研究国有企业民营化后发现，在控制权转移前公司会进行向下的盈余管理，而在民营化之后的公司绩效更佳。

第四节　高管减持的文献回顾

国外学者普遍认为信息不对称问题是构成管理层进行股份减持的主要动因。由于上市公司的高管可以准确掌握公司的内部信息，并且在内部信息还没有完全反映到公开资本市场之前，利用信息优势精准选择交易时点（Stein, 1996; Dittmar and Field, 2015; Ali and Hirshleifer, 2017），最终高管通过减持股票可以获得显著正向的超额回报（Bagnoli and Khanna, 1992; Huddart and Ke, 2010; Agrawal and Cooper, 2015）。Seyhun（1986）

甚至发现不同等级的管理层掌握的信息质量有所差异,掌控全局事务的董事长等核心高层拥有更高质量的内部信息,他们对公司股价变动的预测更为准确。但是总体而言,相对于企业外部的信息使用者,多数情况下,公司内部管理层可以准确预测股价未来的异常波动,在公司股价上涨前买入股票或者股价下跌前出售股票,进而获得超额收益。Brav & Gompers (2003) 对限售股解禁的样本进行研究,高管的信息优势地位使其获得明显的财富增加,证实了信息不对称的前提下,高管利用市场对公司的错误估值进行股票交易,从而实现减持套利,谋取个人利益。Piotroski & Roulstone (2005) 则认为公司高管既是内幕信息的掌握者也是反向投资者,直接反映出减持套利特征,而这种内幕交易与公司未来的盈利状况和账面市值比正相关,却与短期的股票回报负相关。

可以看出,作为上市公司的重要经营决策者,高管充分了解公司的整体运营状况和发展前景。部分学者沿着信息不对称角度,继续从信息披露与高管减持的关系进一步分析,均发现高管进行选择性的信息披露以配合其减持策略 (Cheng and Lo, 2006)。Noe (1999) 提出高管非常清楚公司未来的经营前景,通常不会在盈余公告之前进行内幕交易,而是在此之后利用内部信息进行频繁的股票交易获利。Huddart 等 (2007) 支持上述观点,他们发现高管可以预判那些与股价相关的公司公告来调整持有的股票交易策略,在盈余公告前尽量规避有利可图的股票交易,在盈余公告的"利好"消息之后迅速卖出持有的股份获利。Louis 等 (2010) 研究发现公司在要约回购公告后,普遍存在较高的内部人减持股份现象,并给出了考虑流动性的交易时机和内部知情交易两种解释。Agrawal & Cooper (2015) 在减持时机上发现,管理层在财务报告重述期间内进行大量的减持行为,说明在财务丑闻等"坏消息"被发现之前,高管有强烈的动机出售股票套现。

此外,还有学者认为高管减持可能是考虑个人流动性需求或者优化投资组合等常规原因,此时内部人交易股票不具有信息含量 (Cohen et al., 2012)。Lakonishok & Lee (2001) 以美国交易所上市公司的内幕交易为研究样本,研究发现高管进行内部交易活动的信息主要体现在购买行为上,内部人减持股份并没有信息预测能力。

对于公司治理结构方面的研究，Hu & Noe（2001）基于道德风险模型提出，由于股东对高管监督较弱时为高管减持创造了前提条件，容易造成股价波动，损害了股东权益。所以良好的公司治理机制能够有效监督和制约管理层的减持行为，保护股东的利益。Skaife 等（2013）发现良好的内部控制质量可以抑制管理层择机减持的机会主义行为。Fidrmuc 等（2006）对比英美国家的内部人交易发现，不同的市场反应取决于公司的所有权结构，并且股权结构的集中程度对董事减持具有显著的影响。

另外，还有研究讨论了高管减持与盈余管理之间的关系，大部分研究都证实高管在出售股票之前存在盈余管理行为（Trueman，1990；Park and Park，2004）。

在外部公司治理机制方面，Frankel & Li（2004）研究分析师跟进可以及时传递和披露与公司价值相关的信息，有效降低信息不对称问题，最终限制了公司管理层利用私人信息进行股票交易获利的空间。Dechow 等（2016）还从外部证券监管制度方面入手，他们发现公司在收到 SEC 问询函之前，管理层从内部交易中获益匪浅，并且内部交易量明显高于正常水平，揭示了外部监管力量的积极监督作用。

国内研究高管减持的影响因素文献取得了较为丰富的成果，大多数学者认为信息不对称问题和高额的减持收益，容易造成上市公司管理层通过内部交易进行减持（陈维和吴世农，2013；丁庭栋，2013）。除了上述主流观点外，徐昭（2014）认为抛开内部人具有信息优势的原因，管理层的减持动机还可以单纯从流动性需求进行解释，但此时信息含量较少，不会引起市场剧烈波动。与此同时，市场风险是一个重要的影响因素，为规避市场风险，管理层有强烈的动机减持股份（陈作华和王守海，2020）。

在高管减持时机的把握上，曾庆生（2008）率先提出我国上市公司高管具有较强的减持时机把握能力，主要源自内部人掌握的私有信息，并且不同等级的管理层在减持后获得的超额收益方面差距较大。易志高等（2019）还得出高管减持存在同伴效应的结论，高管减持容易受到同行业或者同地区的其他公司高管减持的显著影响。

随后，学者开始从管理层各种形式的机会主义行为入手，主要是"高送转"、并购重组、操纵年报语调和媒体信息披露等多种形式展开分析，具体来看：

"高送转"已经成为高管减持的惯用伎俩，充斥着推高股价后的高位套现动机。谢德仁等（2016）发现"高送转"便于高管进行市值管理，提高其减持收益。随后胡聪慧等（2019）研究发现进行"高送转"的上市公司，其高管减持的规模更大。韩忠雪和夏文蕾（2020）认为我国"高分红""高送转"的股利政策隐藏着高管减持的利益诉求。

在信息披露方面，李欢和罗婷（2016）认为管理层选择性披露业绩预测公告，以便于其进行股票交易。在减持股份时选择披露更多的"利好"消息以提升股票价格，而在增持时披露更少的"利好"消息以拉低股票价格。易志高等（2017）提出高管减持的期间内存在主动管理媒体报道的倾向，即策略性媒体报道可以迅速抬高股价，配合高管的减持行为。曾庆生等（2018）则发现管理层通过操纵年报语调为减持股份创造有利条件，年报语调越积极，减持比例越高。

在并购方面，章卫东等（2021）分析了多元化并购或未经证监会审核的套现并购会加剧上市公司高管的减持行为，说明并购是管理层抬高股价后进行减持套现的重要方式。

周铭山等（2017）认为研发投入成为管理层实施机会主义行为的新手段，通过主动调整研发投入吸引投资者注意，进而抬高股价，管理层可以实现高位减持套现。

上述研究围绕着各种形式的减持手段进行讨论，其最终目的都是为了调整公司股价，以实现高管个人收益最大化（徐龙炳等，2021）。

还有学者从内部公司治理效果的角度讨论其对高管减持的影响。陈作华和方红星（2019）研究发现良好的内部控制可以有效约束高管的机会主义减持行为，表现出显著的治理效应。罗宏和黄婉（2020）则分析提出，多个大股东并存可以显著改善信息环境，降低高管减持的机会主义行为，充分说明有效的公司治理机制可以降低高管减持获利的机会。代昀昊等（2021）认为，如果董秘拥有券商经历，会更熟悉资本市场运作和信息监管，导致信息披露质量下降，提高分析师预测的乐观程度，为内部人减持提供便利的条件。

针对上述内部公司治理对抑制高管减持的积极影响，还有学者从外部公司治理方面展开研究。陈维等（2014）从关联分析师出发，发现我国分析师存在与管理层合谋的道德风险问题，管理层利用关联分析师的预测进行减持交易，获得显著的超额回报。但许婴鹏和郭雪萌（2016）不认同高管与分析师合谋的观点，他们提出我国分析师跟踪可以有效约束管理层在股票交易中的投机性动机，降低管理层利用信息优势减持获利的可能性。

最后，还有学者从宏观环境和制度层面讨论对上市公司高管减持的影响。例如，张程等（2020）以2017年颁布的《上市公司股东、董监高减持股份的若干规定》，实证检验了减持新规要求的事前披露有助于降低高管择机交易的概率，对规范高管的减持行为具有积极效应。马云飙等（2021）则研究了卖空机制对抑制高管减持的积极效应，并得出降低股权高溢价的机制在其中发挥了主要作用。

第五节　业绩补偿承诺的文献回顾

业绩补偿承诺协议作为我国资本市场并购重组活动引入的独特交易方式，自实施之日起就引发了理论界和实务界的广泛关注，在这一领域我国学者已经展开了一些研究，分别从业绩补偿承诺协议的适用性和可能存在的缺陷进行分析，部分学者支持业绩补偿承诺在我国资本市场发挥的积极效果，部分学者则结合业绩补偿承诺的现实问题，阐述其存在的弊端。此外，还有学者认为业绩补偿承诺发挥的作用存在阈值区间，其效应是一种倒U形关系。

首先，支持业绩补偿承诺的研究主要围绕其降低并购交易过程的信息不对称问题和提高并购绩效的角度展开。吕长江和韩慧博（2014）率先利用中小板和创业板市场的并购交易数据研究业绩补偿承诺协议，他们发现业绩补偿承诺的信号传递作用降低了交易成本，帮助收购方公司选择优质的目标公司，从而实现并购的协同效应。虽然业绩补偿承诺和高溢价紧密相连，但收购方的股东财富显著增加，交易双方在业绩补偿承诺机制下提高了并购效率，实现共赢。在此基础上，后续学者相继证实了业绩补偿承诺对于降低信息不对称问题的积极效应，这显然有助于提升收购方的短期并购绩效，增加股东财富（杨超等，2018；李旎等，2019）。与前人研究不同，杨超等（2018）还考虑标的公司原股东如果存在私募股权机构，会削弱业绩补偿承诺与并购绩效之间的关系。主要原因是当标的公司的股东存在私募股权时，信息不对称程度较低，因而业绩补偿承诺对于缓解信息不对称的增量效果较弱。

除了针对收购方公司进行研究，还有学者从标的公司的角度分析业绩补偿承诺的经济后果。潘爱玲等（2017）提出业绩补偿承诺约定未来多年的盈利目标会激励标的公司的管理层持续努力经营，降低其机会主义行为。虽然业绩补偿承诺对标的公司产生激励作用，但是双向补偿没有更显著的激励效应。作者给出的解释是双向补偿承诺处于起步阶段，样本量较少，同时双向补偿关于奖励条款设置的门槛较高，标的公司管理层的实现难度较大。

其次，虽然业绩补偿承诺在降低信息不对称和保护中小投资者利益方面发挥了一定的作用，但是在实践执行过程中仍不避免地出现一些问题，以及恶意高额承诺、随意更改业绩承诺等现象，反映出该机制在交易谈判、定价和估值过程中存在弊端。为此，学者们结合一些现象，讨论了业绩补偿承诺带来的负面经济后果。

翟进步等（2019）利用重大资产重组数据发现，业绩补偿承诺推高了标的资产的估值和上市公司的短期股价，但是事后来看，业绩补偿承诺的实现情况不佳，高估值并没有带来理想的业绩承诺完成率，反而加剧中小投资者的风险。但即便是对于那些完成预测目标的并购事件，有学者研究发现业绩补偿承诺存在着"神预测"区间，即标的公司的业绩完成率在 1~1.2 的占比最多，未来的研究方向需要分析这些"精准达标"现象背后可能存在的业绩造假和盈余管理空间（王竞达和范庆泉，2017）。沿着这条研究思路，刘向强等（2018）发现目标公司进行盈余管理的证据，而这提高了审计师的风险感知，造成签订业绩补偿承诺之后上市公司的审计费用明显增加。柳建华等（2021）发现业绩补偿承诺容易诱发上市公司的盈余管理行为。徐莉萍等（2021）指出，业绩补偿承诺协议有助于推高股价，诱发管理层进行市值管理的动机，机会主义行为最终导致企业未能实现价值增长。

除了高估值和高溢价引发较差的业绩兑现问题，还有学者分别指出早期和当前阶段业绩补偿承诺的理论设计缺陷。赵立新和姚又文（2014）提出早期业绩补偿承诺存在较为明显的问题是：强制性单向业绩补偿承诺使交易价格并未体现市场化谈判的原则，而且即使未完成约定的业绩，实际赔付义务的履行效果不尽如人意，投资者保护显然成为"空谈"。李晶晶等（2020）更是直接指出当前阶段业绩补偿承诺制度的设计缺陷，他们认为恶意高额承诺源于该机制无法甄别标的公司的真实情况，标的公司虚高估值的代价过低。我国制度背景使业绩补偿承诺加剧代理冲突变异为收购方大股东和标的公司共同侵害中小投资者利益，累积的"坏消息"一旦集中释放，极易导致上市公司发生股价崩盘。

当然，业绩补偿承诺研究的最终落脚点还是检验中小投资者保护的问题，学者们证实了我国业绩补偿承诺背后的财富转移效应（窦超和翟进步，2020），业绩补偿承诺公告发布后，小投资者增加持仓的投资收益为负，而大投资者获得显著的高收益，小投资者和大投资者之间的财富转移问题明显。这说明该协议并没有起到保护中小投资者利益的作用，反而成为大投资者借助信息优势获利的工具。

此外，还有学者以案例方式讨论业绩补偿承诺给收购方公司带来的风险。张继德等（2019）提出，当标的公司没有完成约定的业绩时，导致收购方业绩下滑，加大融资难度，从而陷入财务困境；当标的公司完成约定的业绩，又会使收购方公司管理层过度自信，盲目扩大债务融资，同样加剧了金融风险。

最后，还有学者认为业绩补偿承诺发挥的效应并不是简单的线性关系。李秉祥等（2019）以上市公司的定增并购为研究对象，得出承诺的业绩对并购整合效应是倒U形关系，过低或过高的承诺都对并购整合产生不利影响，而发行价格和并购价格的两类价格偏离发挥了部分中介作用。

针对业绩实现难题，学者们开始研究如何提高标的公司的业绩兑现情况，除了应该重视会计师事务所、独立财务顾问等中介机构对提高业绩承诺完成率的积极作用之外（刘向强和李沁洋，2019；窦炜等，2019），余玉苗和冉月（2020）还从并购支付方式发现，包含股份支付方式比单独现金支付方式的业绩完成率更高。另外，如果标的公司的股东成为上市公司的高管，有利于发挥公司治理作用，进而提高业绩承诺完成比率。

由于业绩补偿承诺协议是我国资本市场的特殊产物，国外发达资本市场有一种与之类似的 Earnout 协议（一般称为盈利能力支付计划）。虽然二者在支付方式、适用条件等方面存在较大差异，但都是各自资本市场进行并购活动的重要契约。

之前的研究广泛讨论了将 Earnout 协议纳入并购重组合同中的两个重要原因：第一，当交易双方信息不对称程度较高时，收购方公司并不完全了解标的公司的真实经营情况，特别是当标的公司为私有企业、从事服务业或高科技行业、持有大量无形资产或拥有较高的销售增长率时，逆向选择风险较高，Earnout 协议可以有效缓解并购的逆向选择风险，减少收购方的估值风险（Reuer et al.，2004；Barbopoulos and Sudarsanam，2012；Barbopoulos and Adra，2016）。第二，Earnout 协议有利于缓解道德风险问题。大量实证研究支持 Earnout 协议可以帮助企业留住和激励标的公司的管理层努力实现目标公司的潜在价值（Kohers and Ang，2000；Datar et al.，2001；Cadman et al.，2014）。还有研究发现，Earnout 协议为收购方公司提供了充足的融资机会，对那些外部融资受限的收购方来说，是一种重要并且越来越普遍的并购融资方式（Bates et al.，2018）。

综合来看，部分学者肯定了 Earnout 协议在增加股东财富，提高收购方公司价值方面的积极效应（Kohers and Ang，2000；Barbopoulos and Sudarsanam，2012；Barbopoulos and Danbolt，2021）。

尽管 Earnout 协议减少了一种形式的代理成本（Kohers and Ang，2000），但不可避免地产生其他形式的代理成本（Cain et al.，2011）。这些代理冲突可能会扭曲收购方公司和目标公司管理层、所有者的行为，导致次优决策。例如，许多 Earnout 协议中的条款为延期支付的时间设定了上限。这一条款可能会诱使目标公司管理层或所有者放弃净现值为正的投资项目，导致投资不足问题（Myers，1977），究其原因是这些项目的全部收益将被收购方公司享有；另外，延期付款的规定不足以保证管理层尽其最大努力改善企业经营，反而造成标的公司的管理层有能力也有动机牺牲长远利益换取短期绩效的提升，比如削减研发费用支出（Reum and Steele，1970；Datar et al.，2001）。

除了引起标的公司管理层的短视行为外，Earnout 协议的弊端还包括潜在的高额诉讼费和实际支付价格过高等问题。根据协议，如果标的公司的股东认为其没有获得利益最大化的回报，那么收购方公司将会面临被起诉的风险。此外，收购方公司最终支付的价格可能高于其直接购买目标公司的价格。甚至还有研究从文化宗教角度分析并购中的 Earnout 协议，他们发现这种或有支付机制不仅违反了伊斯兰法，而且导致管理层在考察期间内实施有损公司价值的行为，引发代理冲突（Elnahas et al., 2017）。

基于这些纠纷和争议，有研究提出适当引入第三方机构以保证标的公司实现的财务绩效质量就显得尤为重要（Kohers and Ang, 2000），比如高质量的审计师确实可以发挥显著的作用（Allee and Wangerin, 2018）。

第六节　文献述评

本书通过上述对并购重组活动的市场反应、并购重组活动的溢价率、并购重组与盈余管理的关系、并购重组与高管减持的关系以及业绩补偿承诺协议这五个方面的国内外研究回顾，厘清了现有文献的研究思路和研究动机。由于并购活动是公司的重大经营事件，它需要并购后的整合、调整甚至集团内部要进行不断变动和改革予以适应，所以，并购重组将影响公司发展的长期走向。立足于前人丰富的研究成果不难发现，国内关于业绩补偿承诺经济后果的研究，观测时期较短，但随着时间的推移，目前已经可以对该项机制引发的长期经济后果进行研究，特别是较为缺乏针对并购完成后的业绩补偿期间和业绩补偿期结束后的影响进行讨论。结合现有研究，本章将从以下几个方面展开文献述评：

第一，并购重组已成为企业快速成长和发展的重要战略选择，而并购重组引起的市场反应与股东财富密不可分，也是衡量并购活动价值创造的重要内容。大量研究分别从并购支付方式（Travlos, 1987; Franks et al., 1991; 陈涛和李善民, 2011）、标的公司的所有权类型（Chang, 1998; Fuller et al., 2002）、多元化并购类型（Agrawal et al., 1992; Gregory, 1997; Maquieira et al., 1998; Berger and Ofek, 1999; 李善民和朱滔, 2006; 洪道麟等, 2006）以及反映管理层个人特质的"过度自信假说"等方面解释并购活动对股东财富的价值创造问题。整体来看，大多数研究都支持并购重组给交易双方带来的超额收益并不对等，标的公司往往获益（Dodd and Ruback，1977），收购方公司股东面临着损失（Jarrell et al.，1988；Andrade et al.，2001；李善民和李珩，2003；李增泉等，2005）。但是也有少部分学者得到并购能给收购方公司股东创造正向财富效应的结论（李善民和陈玉罡，2002；Moeller et al.，2004；Masulis et al.，2007）。

关于并购活动的市场反应始终是讨论的热点话题，对于并购重组的股东财富创造问题仁者见仁、智者见智，研究结论不一致的原因可能在于研究情境十分丰富和多样化，学者们从并购事件本身的具体内容、特点出发，结合不同资本市场的实际制度环境进行分类和细致的分析，得出的结论自然也不尽相同。制度变迁会对公司投资行为产生巨大影响，特别是当并购制度发生改革时，新的并购契约为资本市场带来新的研究思路和契机，具有较大的研究空间。

第二，并购重组作为公司的一项重大投资决策，并购成败事关企业生存和发展，盲目并购和过度支付购买对价可能导致企业财务状况陷入困境，甚至是毁灭性的打击（姜付秀等，2009）。即便上市公司热衷于进行并购重组活动，但是在交易谈判过程中收购方公司依然面临着巨大的挑战，交易双方的信息不对称问题和对标的公司未来业绩的不同预期造成收购方和出让方对目标公司价值的估计存在较大差距，这也是双方谈判博弈的关键。大多数情况下收购方公司并不能完全掌握标的公司的全部信息，因此支付的溢价更高。

并购溢价的重要性不仅体现在定价和收购方的预期上，而且还因为它深刻影响并购业绩。已有研究证实并购活动支付过高的并购溢价（Roll，1986；Berkovitch and Narayanan，1993；Malmendier and Tate，2008；温日光，2015；陈仕华等，2015；杨威等，2019），但是收购方公司愿意支付如此高溢价的动因存在不同的解释，主要是以下四种分析：其一，早期研究发现收购方公司为尽快实现并购的协同效应，愿支付较高的溢价（Bradley et al.，1988；Slusky and Caves，1991；Berkovitch and Narayanan，1993；Hayward and Hambrick，1997；Malmendier and Tate，2008）；其二，并购类型和并购支付方式的差异（Wansley et al.，1983；Laamanen，2007；谢纪刚和张秋生，2013）；其三，以管理层过度自信理论和委托代理理论为代表解释并购溢价问题（Jensen and Meckling, 1976; Roll, 1986; Hayward and Hambrick, 1997）；其四，结合外部制度环境，从标的公司所在国的投资者保护程度、风险规避意识、国家文化差异、产业政策、行业特点等角度分析（Shleifer and Vishny, 2003; Rossi and Volpin, 2004; John et al., 2010; 温日光，2015; 王艳和李善民，2017; 钟宁桦等，2019）。

总结来看，收购方公司支付较高的溢价基本成为现有研究的共识，而业绩补偿承诺协议这种新的契约模式为收购方公司提供了担保效应，使被收购方公司在一定程度上分担了原本由收购方公司承担的并购失败风险。所以，从理论上来看，被收购方可能会索取更高的溢价。

业绩补偿承诺作为我国资本市场并购重组活动的特殊产物，旨在保护中小投资者利益免受损失。吕长江和韩慧博（2014）以中小板和创业板并购数据，翟进步等（2019）以重大并购数据开展研究，都发现业绩补偿承诺有利于推高短期股价，并且在该协议下的溢价率普遍较高。但是他们的研究：其一，都针对某一种特定类型的并购，缺乏关于A股上市公司并购重组的大样本研究；其二，业绩补偿承诺经历多次修订，研究时间范围较短，时间选定较为主观，而且3年的研究数据并没有将不同时期的业绩补偿承诺纳入样本范围；其三，对业绩补偿承诺的具体条款和补偿内容的差异影响鲜有进一步解释；其四，针对交易双方都获得"收益"的后续期间，即对业绩补偿承诺期的长期经济后果较少涉及。本书认为，在业绩补偿承诺期，标的公司的业绩实现情况是一个明确的信号。如果标的公司能顺利完成约定的业绩，并且在补偿期结束后不发生明显的业绩"变脸"，各方利益都将得到保证；一旦标的公司没有达成约定的业绩，甚至在补偿期刚结束就发生业绩"变脸"，这就反映出明显的机会主义特征。所以，检验业绩补偿承诺有效性的关键是讨论标的公司的业绩实现情况。

立足于现有研究基础和有待挖掘的研究空间，本书以A股上市公司的并购重组为研究对象，从更长的时间范围讨论这种独特的并购契约带来的市场反应和溢价率，进一步结合业绩补偿承诺具体条款，打开该机制运行的"黑箱"，在一定程度上强化和补充了业绩补偿承诺的短期经济后果研究。

第三，盈余管理的研究由来已久，关于并购活动中的盈余管理行为一直是学术界讨论的热点话题。现有的研究不仅从并购事件本身的并购支付方式（Erickson and Wang，1999；Louis，2004；赵立彬和张秋生，2012；Higgins，2013）、并购公告发布时机（Louis and Sun，2016）、并购类型（Easterwood，1998）等方面进行了一系列的讨论和分析，还结合公司治理环境、行业特点、宏观经济等方面展开研究（Vasilescu and Millo，2016；应千伟等，2017；Botsari and Meeks，2018）。绝大部分学者发现，交易双方公司在并购活动中进行大量的盈余管理行为，通过操纵会计盈余达到利益输送和谋取私利的目的（曾昭灶和李善民，2009；张自巧和葛伟杰，2013；冯红卿等，2013；王珏玮等，2016；路军伟等，2019；潘星宇和沈艺峰，2021）。

在与本书投资者保护研究较为相关的收购保护制度上，学者们从交错董事会制度、资本市场监管制度等方面进行了许多尝试（吴联生和王亚平，2007；Zhao and Chen，2008；谢德仁，2011），他们认为加强收购保护和监管制度建设对于抑制管理层的盈余管理行为具有重要意义。因此，在新兴资本市场的制度背景下，对于抑制并购活动中的盈余管理行为，我国的监管体制和法律法规任重而道远，有关业绩补偿承诺协议中收购方公司的盈余管理研究较为匮乏，在该领域的盈余管理动机仍需要进一步分析。虽然柳建华等（2021）得到业绩补偿承诺会诱发上市公司盈余管理的结论，但是没有深入讨论业绩补偿承诺协议具体条款的差异影响。本书与其最大的区别是进一步聚焦提供业绩补偿承诺的样本，通过手工搜集是否双向补偿、是否分年度补偿以及是否包含股份赔偿这三个方面内容，深入契约条款的具体内容层面，检验不同契约条款对盈余管理的差异影响。

并购交易是影响企业资源配置的重大投资，标的公司未来的盈利能力直接决定着业绩补偿承诺是否完成，这对收购方公司的合并报表具有重要意义。基于这样的研究思路，本书从业绩补偿承诺角度研究收购方公司的盈余管理动机，深入分析业绩补偿承诺对投资者保护带来的实质性效果，探索这种并购协议能否真正向市场提供信心，起到提升并购绩效的积极作用。

第四，上市公司的高管作为经营决策者，可以准确掌握公司的内部信息，利用其对公司运营和发展前景的充分了解，在内部信息还没有完全反映到公开资本市场之前，精准选择交易时点减持（Stein，1996；陈维和吴世农，2013；Ali and Hirshleifer，2017），最终高管可以获得显著正向的超额回报（Huddart and Ke，2010；Agrawal and Cooper，2015）。除了少数研究认为高管出于个人流动性需求等常规原因减持外（Cohen et al.，2012），大部分学者支持高管减持的动机主要是为了实现减持套利，谋取个人利益（Brav and Gompers，2003；Piotroski and Roulstone，2005）。不难看出，现有研究发现，高管不仅具有较强的减持时机把握能力（曾庆生，2008），而且减持的手段多样，通过"高送转"、并购重组等多种形式实现减持套利（谢德仁等，2016；曾庆生等，2018）。

所以，高管减持套利的前提是公司股价上涨，管理层的机会主义动机是为了调整股价，便于其在股价高位时套现，实现个人收益最大化（徐龙炳等，2021）。但这给外部投资者带来严重的损失，破坏资本市场正常秩序，大量研究开始转向如何从正式制度、公司治理结构等方面规范高管减持行为（Frankel and Li，2004；Dechow et al.，2016；许婴鹏和郭雪萌，2016；陈作华和方红星，2019；马云飙等，2021）。

鉴于高管持股比例的变化很大程度上反映了其对公司未来发展是否具有信心，作为拥有内部信息的高管，他们对于签订业绩补偿承诺协议后的公司业绩是否具有长期持股信心，对这一问题还有较大的研究空间。由于并购重组活动签订业绩补偿承诺协议推高了收购方公司的股价，为高管减持创造了极佳的条件，本书讨论该协议下的高管减持行为，不仅从理论上丰富了并购完成后业绩补偿承诺期的长期经济后果研究，而且探讨高管是否具有信心以及可能存在的减持套现动机，对于检验业绩补偿承诺的投资者保护效果具有较强的实践意义。

综合来看：一方面，业绩补偿承诺在我国并购重组活动中发挥了降低信息不对称、提高并购收益的积极效果（吕长江和韩慧博，2014；杨超等，2018），但如前所述，业绩补偿承诺的市场反应、与溢价率的关系依然存在较大的研究空间，并且现有研究较少深入讨论业绩补偿承诺具体条款带来的差异影响。另一方面，任何新兴事物在发展过程中不可避免存在一些问题，业绩补偿承诺存在的设计漏洞和现实中业绩丑闻问题引发学者的广泛关注（赵立新和姚又文，2014；王竞达和范庆泉，2017；李晶晶等,2020),但是对于业绩补偿承诺期及以后的长期经济后果研究较少。并购绩效是判断业绩补偿承诺协议对资源配置效率的重要依据,因此本书通过检验补偿期结束后的并购绩效是否发生明显下滑来分析补偿期内可能隐藏的盈余管理动机。最后,高管作为公司内部信息的知情者,可从业绩补偿承诺协议分析其对高管减持的影响,探究高管是否对公司未来业绩具有信心。本书提供了关于业绩补偿承诺长期影响的经验证据,丰富了业绩补偿承诺经济后果的研究视角,从而加深了我国业绩补偿承诺对中小投资者保护的真实效应的理解。

第三章　业绩补偿承诺的理论基础与制度背景

第一节　理论基础

一、信息不对称理论

古典经济学研究的前提是完全充分的信息，但是随着资本市场的发展，现实中的交易不确定性和套利现象动摇了完全信息观点的理论根基，越来越多的学者开始基于不完全信息观点展开研究。信息不对称现象源于20世纪70年代以Akerlof、Spence & Stigliz为代表的三位学者的研究。学者们分别从二手车交易市场、劳动力市场和金融保险市场三个不同的视角讨论，不仅证明了信息在经济生活中的重要地位，而且提出市场上不同的理性经济人掌握的信息质量、数量的差异，决定了他们面临的风险、需要承担的成本以及最终获得的收益不同。三人的研究结论推动了市场经济的理论发展，使信息不对称理论（Asymmetric Information Theory）成为分析经济问题的核心理论之一，奠定其在经济学研究中的重要地位。

基于信息不对称理论，信息优势方显然更容易在交易过程中获利。结合资本市场的实际情况：

首先，上市公司和投资者之间存在着信息不对称问题。由于上市公司管理层主要负责企业的日常运转和经营决策，对企业的经营状况和未来发展前景比较了解，拥有更多和更及时的准确信息，而外部投资者大多只能从公开渠道获得信息，显然对企业的真实情况并不能掌握完全的信息，在信息质量和时效性方面处于劣势地位，这就为上市公司利用信息优势谋利创造了空间。

其次，交易双方存在信息不对称问题。收购方公司在挑选目标公司时，并不能拥有标的公司的准确信息，难以甄别不同标的公司信息的真假，这就增加了收购方公司的信息搜集成本，导致信息流动较差，降低了市场交易效率。同时，标的公司对自己的真实经营情况更加了解，而收购方公司并不能准确判断标的公司的经营预期、未来潜力和行业发展前景，这使双方在谈判时的摩擦成本增加，容易造成交易定价过高或并购整合失败，高溢价和高商誉风险最终使收购方公司陷入困境，股东财富受损（温日光，2015）。

最后，上市公司股东和管理层之间同样面临着信息不对称问题。在委托代理关系下，股东只享有公司的所有权，而管理层负责公司的具体经营，管理层拥有更多的内部信息，形成绝对的信息优势。如果管理层存在构建企业帝国、减持股份套现等机会主义动机，就可能利用并购重组等方式掩护，甚至在并购过程中利用信息优势进行盈余管理，以达到利益输送和掏空目的，引发严重的委托代理问题（李增泉等，2005）。

鉴于并购重组活动存在较为严重的信息不对称问题，引发交易双方在事后的道德风险，影响市场机制的有效性，造成资源配置效率低下。我国证监会尝试在并购活动中引入业绩补偿承诺协议，标的公司需要提供有关未来经营情况的盈利预测信息，并向收购方公司承诺不达标时进行赔偿，有助于缓解交易双方的信息不对称问题，降低并购风险（吕长江和韩慧博，2014）。结合业绩补偿承诺协议的具体内容来看，有助于激励标的公司管理层努力改善经营（潘爱玲等，2017），提高并购整合效率，为实现双方共赢创造积极的条件。与此同时，业绩补偿承诺有助于降低上市公司和外部投资者之间的信息不对称问题，提高外部投资者对交易过程和协议内容的知情权，增量信息有利于提升投资者的信心。因此，从理想状态来看，业绩补偿承诺对降低信息不对称、提高并购效率具有积极作用。然而，考虑到上市公司和管理层与股东存在着信息不对称问题、委托代理问题，高管存在利用业绩补偿承诺的噱头推高上市公司的股价，进而减持套现的动机，这是以牺牲公司和股东的长远利益为代价的，使业绩补偿承诺失去了保护投资者利益的实际作用。这种可能性正是本书进行实证检验的内容之一。

综上所述，缓解信息不对称问题正是业绩补偿承诺协议的设计思路，旨在提高投资者的知情程度，保护投资者利益。所以，信息不对称理论构成了业绩补偿承诺经济后果研究的重要理论基础。

二、委托代理理论

委托代理理论（Principal Agent Theory）源自 Berle & Means 在研究现代企业制度倡导的所有权和经营权分离时，发现股东保留了企业的剩余索取权，企业经理层则掌握着实际经营权。但在这种委托代理关系下，委托人和代理人的目标函数经常不一致，主要表现为委托人寻求企业价值和股东财富最大化，而代理人追求薪酬津贴、个人消费、社会地位等私人收益最大化，并且代理人在拥有信息优势的前提下，往往会选择谋求个人利益，随即产生潜在的利益冲突。可以看到，委托代理问题导致的利益冲突与信息不对称问题紧密相关，两权分离下的代理方有动机也有能力追求有利于自己的目标，实施损害委托方利益的机会主义行为。

委托代理理论可以从委托代理关系和代理成本两个方面进行分析。

一方面，从委托代理关系来看，现有研究主要围绕两类委托代理关系：一是股东和管理层的委托代理关系。股东和管理层存在信息不对称问题，使股东难以判断事后的经营业绩是由于管理层努力的结果还是其他因素影响。当双方的目标函数不一致时，拥有信息优势的管理层可以选择以隐蔽的方式谋取个人利益，但是这种道德风险问题显然不利于公司长期发展。二是大股东和中小股东之间的委托代理关系。在这类代理关系下，最突出的特点是中小股东受制于较高的监督成本，往往选择"搭便车"，这就为大股东的利益转移和掏空行为创造了得天独厚的条件，导致公司治理结构严重失衡，缺乏有效的监督，最终损害中小股东利益。

另一方面，从代理成本来看，由于存在着信息不对称问题，股东并不能判断管理层是否努力工作以实现股东财富最大化，也无法保证管理层的投资决策真正用于提升公司价值、改善企业经营方面，还是以追求构建企业帝国、谋取个人利益为目的，为缓解这些代理问题而发生的成本就是代理成本（Jensen and Meckling，1976）。具体而言，代理成本可以分为三个部分：第一种是监督成本，主要指激励和监督代理人努力为实现委托人利益最大化发生的成本；第二种是担保成本，代理人应保证不损害委托人的利益，如果实施损害委托人利益的行为就需要赔偿而产生的成本；第三类是剩余损失，是委托人因代理人代行决策而发生的一种机会成本，主要指假定在信息和个人能力相同的前提下，委托人自行决策和代理人决策之间的差额，反映了代理人决策和委托人利益最大化决策存在偏差导致的损失。

结合资本市场的实际情况，在并购活动中：

其一，在第一类代理问题下，股东无法保证管理层进行的并购投资决策是为了实现企业价值最大化目标，也不能杜绝管理层出于构造企业帝国的扩张目的，或者为推高公司股价实现减持套现目的等机会主义行为。同时，标的公司的管理层大多数情况下会得以留任，虽然他们始终置于收购方管理层的领导下，但是双方显然已经形成新的委托代理关系，追求的目标存在潜在的冲突。此时标的公司管理层更了解公司的运营情况，掌握较多的经营决策信息，当业绩不佳时，管理层有动机通过各种形式的机会主义行为，谋求自身利益最大化。

其二，在第二类代理问题下，大股东具有信息优势，存在利用并购重组进行利益输送和掏空的动机（李增泉等，2005）。为此，委托人需要激励机制促使代理人努力工作，帮助委托人实现利益最大化目标，同时需要严格的监督措施，限制可能出现的损害委托人利益的行为。

在委托代理关系下，委托方和代理方不可避免存在着信息不对称问题，而业绩补偿承诺协议降低了交易双方的信息不对称程度，补偿条款会激励标的公司的管理层努力改善企业运营，促进并购绩效的提升，加快整合实现并购协同效应，推动达成收购方公司价值最大化目标。因此，从理论上来看，业绩补偿承诺本应有利于缓解委托代理问题。然而李晶晶等（2020）研究发现，业绩补偿承诺协议存在较大的漏洞和设计缺陷，不仅没有缓解代理问题，反而加剧委托代理问题变异为收购方的大股东和标的公司共同侵害中小投资者利益。本书与他们的研究立场一致。我国并购重组活动存在的信息不对称问题和代理冲突，极易导致业绩补偿承诺背后隐藏着上市公司管理层的机会主义动机，高管对公司未来的业绩不具有信心，诱发高管的减持行为，最终使中小投资者遭受损失。这就需要通过激励机制和风险分配机制进一步完善委托代理契约，既要能够激励代理方努力工作，同时加强对代理方的监督效应，抑制其机会主义动机，最终实现委托方利益最大化目标。可见，委托代理理论也是分析业绩补偿承诺的主要理论基础之一。

三、信号理论

信号理论（Signal Theory）最早由 Spence 提出，应聘者的学历可以视为劳动力市场的一种信号，由于高学历的获得成本较高，良好的教育背景增强了雇主对应聘者的可信度，使那些拥有较高学历背景的应聘者和低学历背景的应聘者被区别开来。根据信号理论，虽然在信息不对称的前提下双方拥有不对等的信息，但是信息主体依然可以通过信号传递作用实现潜在的收益。在此基础上，后续学者不断发展和推广信号理论，使其在经济学研究中占据重要地位。

从理论关联上来看，信号理论的基本观点是依托信息不对称理论的基础，拥有较多信息的主体可以通过某种信号传递给信息劣势方，实现市场均衡。在资本市场中，当公司对外宣布并购公告后，大多数情况下会引起显著正向的短期市场反应，究其原因是并购重组向投资者传递出明确的信号，企业期望通过并购重组方式实现"1+1>2"的并购协同效应，增加企业价值和股东财富，这种"利好"信号会带动市场情绪上涨。就并购活动中的业绩补偿承诺协议而言，从双方公司和外部投资者的关系看，赔偿条款传递出标的公司的业绩有保障的信号，即使没有完成业绩，收购方公司至少可以获得一定数量的赔偿，投资者的利益能得到一定程度的兜底保障，并且提供的增量信息使投资者更加了解交易过程和细节。这种信号提升了投资者的信心和对并购绩效的期待，使投资者相信收购方公司管理层实施的投资决定符合公司长远利益。从收购方公司和标的公司之间的关系来看，签订业绩补偿承诺协议是标的公司向收购方公司传递的明确盈利信号，可提高收购方公司对其经营情况和发展前景的了解，降低交易双方的信息不对称程度，减少估值风险和谈判摩擦。同时，标的公司愿意接受补偿条款的赔偿义务，也向收购方公司传递出其属于优质标的资产的信号，对未来的盈利完成情况较为乐观，可以与并购市场其他的劣质标的资产区分开来，增强标的公司的议价能力。正所谓物以稀为贵，标的公司有动机索取更高的并购溢价。

但是李晶晶等（2020）认为，我国业绩补偿承诺机制违背了信号理论的核心，即"信号需要高成本"的设计原理，低质量的标的公司可以进行较高的承诺，并且即便在没有兑现盈利预测的情况下，赔付的金额和事前的交易价格相比差距较大，标的公司只需较少的赔偿代价就可以获得较高的并购溢价收益。这对于低质量的标的公司而言显然是有利可图的，但是收购方公司和股东却损失惨重。所以，从资本市场存在的事前高估值和高承诺现象，而事后标的公司并没有完成约定的经营业绩来看，不排除交易双方利用信息优势地位，以业绩补偿承诺协议的信号传递作用蒙蔽投资者，借助保护的名义侵害中小投资者利益，这有悖于政策初衷。

综上所述，信号理论在经济学研究中发挥着重要作用，特别是结合信息不对称理论，它们共同构成研究并购重组活动中的收购方公司和标的公司之间、交易双方公司和投资者之间关系的重要理论基础，具有广泛的现实应用价值。业绩补偿承诺协议，既存在降低交易双方公司的信息不对称、传递标的公司未来经营预期良好的信号的可能性，也存在交易双方公司的管理层借助这种信号的保护之名而行侵害之实的可能性。对于两种理论预期，本书将从实证研究方面检验业绩补偿承诺这种信号传递作用的真实效果。

四、契约理论

契约理论（Contract Theory）认为，市场交易和制度都是一种契约形式，即由多方经济主体在共同参与的经济活动中所达成的一种协议或者约定。但是由于交易的复杂性，它并没有形成统一的模型，而是从不同角度简化交易属性后，逐渐形成不同的契约理论学派。契约理论的起源是Coase在1937年《企业的本质》一文中提出的从契约的角度理解交易行为，开启了契约理论在经济学领域的研究，并逐步细化为完全契约理论和不完全契约理论。

完全契约理论主要以委托代理理论为代表，委托人和代理人可以预见到未来可能发生的全部情况，通过最优的激励机制设计和风险分担实现次优效率，各方都能够按时履约，当发生不一致的情况时，第三方可使契约强制执行。但是以 Williamson & Hart 为代表的不完全契约理论认为，各方是有限理性人，并且未来存在较大的不确定性，不能在合同中准确约定未来可能发生的所有情况，需要灵活的事后谈判机制调整，以确保合同顺利进行。

业绩补偿承诺协议从定义上来看属于交易双方签订的不完全契约，由于并购活动中存在信息不对称问题，并购后标的公司的经营情况、并购协同效应的实现以及对上市公司经营绩效的影响都有较大的不确定性，业绩补偿承诺机制就是针对未来经营不确定性作出的盈利预测约定。如果标的公司不能按期履约，则需要承担赔偿义务，本质上是对原有交易价格的事后调整。因此，这种契约的设计思路是缓解并购双方因信息不对称问题导致潜在的逆向选择和事后道德风险问题，具有不完全契约的灵活调整机制，从理论上有助于保证各个契约主体依照合同履约。

第二节 制度背景

一、业绩补偿承诺的概念

业绩补偿承诺，也可以称作业绩补偿承诺协议、业绩补偿承诺制度、业绩对赌协议等，是我国资本市场并购重组活动中的一种契约形式，通常情况下要求标的公司针对未来多年的经营业绩进行承诺，双方约定经营业绩的形式主要是净利润、扣除非经常性损益后的净利润、营业收入等。如果标的公司没有完成约定的经营业绩，则按照业绩补偿承诺事先约定好的赔偿方式，以单独股份赔偿、单独现金赔偿或者股份+现金赔偿三种常见的赔偿方式向收购方公司进行赔偿。可以看出，业绩补偿承诺主要是就标的公司未来经营的不确定性而签订的契约，以标的公司的盈利预测目标为约束条件。相对于之前没有业绩补偿承诺的并购契约，一旦标的公司发生违约，收购方公司可以获得补偿，股东权益得到了一定程度的保障。

从对赌的方向上来看，分为单向承诺或双向承诺。从业绩补偿承诺约定的盈利预测考核年限来看，分为逐年补偿方式或累计补偿方式。从业绩补偿承诺的赔偿方式来看，分为单独股份赔偿、单独现金赔偿或者股份+

现金赔偿的方式。

双向业绩补偿承诺，顾名思义，就是收购方公司和标的公司互相承诺，如果标的公司没有完成盈利预测目标，则标的公司原股东对收购方公司履行赔偿义务；如果标的公司超额完成盈利预测目标，则标的公司享有被奖励的权利。所以，相对于单向补偿承诺协议而言，对于签订双向补偿承诺协议的并购事件，交易双方事前会额外约定，当标的公司超额完成业绩达到一定比例时，超出部分按照比例对标的公司的管理层进行业绩奖励。

逐年补偿方式就是在未来的业绩补偿承诺期内，标的公司每一年都有明确的盈利预测数，即分年度进行盈利预测，在每年的会计期末时需要单独披露当年度盈利预测的实现情况，如果实际经营业绩低于上述承诺的经营业绩，则需要进行赔偿。累计补偿方式是指标的公司一次性承诺在补偿承诺期结束时，盈利预测需要达到的累计数，如果在补偿期结束时，标的公司实际经营业绩的累计数低于承诺的经营业绩累计数，则需要对收购方公司进行赔偿。

具体的赔偿方式主要分为单独股份赔偿、单独现金赔偿或者股份+现金赔偿三种方式。前两种比较容易理解，即标的公司没有完成约定的业绩时，补偿义务人向上市公司仅以股份方式或者仅以现金方式进行补偿。比较复杂的是第三种——股份+现金赔偿方式，交易双方一般约定会优先选择某种方式补偿，剩余不足补偿的部分则以另一种方式补齐。

二、业绩补偿承诺协议的发展历程和现状

（一）早期起源阶段：2005—2008年

我国的业绩补偿承诺协议最早诞生于股权分置改革时期，早期的承诺事项大多在证监会和证交所的备忘录、指引方针中，并没有形成正式的法规（例如，深交所2005年发布的《股权分置改革承诺事项管理指引》，上交所发布的《上市公司股权分置改革工作备忘录》都针对业绩补偿承诺的内容和违约责任提出了要求）。为了保护投资者的利益，中国证监会要求实施股权分置改革的上市公司在资产重组中披露业绩承

诺，如果没有达到预期，就需要向流通股股东进行赔偿。虽然这一时期的业绩补偿承诺协议还很不健全，也没有明确的制度化规范，但依然是一次创新性的尝试，为后来的业绩补偿承诺协议的正式形成和发展奠定了坚实的基础。

(二) 正式确立阶段：2008—2014 年

为进一步完善并购重组法规，2008 年中国证监会颁布的《上市公司重大资产重组管理办法》，首次以法规形式强制要求资产重组双方进行盈利预测和业绩补偿承诺的情况。该法规明确规定，如果资产评估机构采用收益现值法、假设开发法等基于未来收益预期的估值方法评估标的资产，收购方公司以此作为收购价格参照的情况，双方应签订业绩补偿承诺协议。而上市公司需要在未来 3 年的年报中披露标的公司的履约情况，由审计机构签署专项审核意见。这在抑制估值泡沫、促使合理交易和保护中小股东利益方面发挥了重要作用，但同时强制性的要求带来一定的行政干预，削弱了并购双方自主的市场化谈判，扭曲了商业交易定价机制。此外，资本市场频繁出现各种形式的业绩承诺乱象，标的公司通过恶意承诺提高了收购价格，而后不能完成约定的业绩，想尽办法规避赔偿责任，更有甚者直接拒绝赔偿，导致双方公司对簿公堂。

(三) 发展完善阶段：2014 年至今

业绩补偿承诺协议引发的现实问题逐渐引起证券监管部门的高度重视，为进一步优化上市公司并购重组的市场环境，推动落实市场化改革，中国证监会针对业绩补偿承诺的相关问题提出了一系列的解决方案和指令，其中影响最大是 2014 年重新修订的《上市公司重大资产重组管理办法》，这一版的管理办法明确了修订后的业绩补偿承诺协议的适用条件，并一直沿用至今。虽然后面陆续又对业绩补偿承诺条款进行修订，但基本都是立足于这一法规的基础上进行完善。2014 年版的最大区别是取消了向非关联第三方发行股份购买资产的门槛限制和盈利预测补偿强制性规定，业绩补偿承诺逐步走向市场化的商业谈判机制。

此后，中国证监会于 2016 年发布了《关于上市公司业绩补偿承诺的相关问题与解答》，该文件指出业绩补偿承诺是交易双方经过市场谈判作出的约定，该协议是并购重组方案的重要内容，不得随意变更协议内容。这种细致化的补充主要是针对 2014 年后的并购重组活动中仍有许多标的公司通过更改业绩补偿承诺协议的年限、金额和赔偿方式等规避补偿责任。该法规有助于及时纠正随意更改业绩补偿承诺的漏洞，使其成为上市公司并购重组顺利完成的重要制度保障，确保该协议能够真正起到维护公平交易定价、保护投资者利益的作用。

综合来看，虽然目前的业绩补偿承诺协议可以由双方通过市场博弈谈判自主决定，但是在实践中，交易双方自愿签订业绩补偿协议的现象非常普遍。一方面是该协议确实可以减少信息不对称，调整交易价格，在并购重组中发挥不可忽视的积极作用；但另一方面，资本市场频发的业绩承诺丑闻，暗示着交易过程中存在的机会主义行为，现有的业绩补偿承诺机制还有较大的完善空间。从历次的修订可以看出，业绩补偿承诺需要交易双方诚信履行合约，同时外部约束机制非常关键，提高并购双方公司的违规成本，加大第三方财务顾问、资产评估机构的连带责任都是接下来的可完善之处。本书立足现有的研究基础，通过研究业绩补偿承诺期内的长期经济后果，期望为在实践中进一步健全业绩补偿承诺协议提供借鉴和参考。

三、与国外 Earnout 协议的对比

讨论中国资本市场独特的业绩补偿承诺协议，就不得不提及西方资本市场，与我国业绩补偿承诺协议最类似的当属 Earnout 协议。这里需要说明的是：二者虽然在很多方面相似，但还是存在较大的区别，国内很多研究将二者混为一谈其实并不严谨。

Earnout 协议是西方主要资本市场的并购交易中经常使用的一种契约合同，其目的同样是为了缓解并购过程中的逆向选择问题和委托代理问题，尽量缩小估值差距，保留标的公司现有管理层的人员稳定性（Kohers and Ang, 2000; Cadman et al., 2014）。

虽然业绩补偿承诺协议和 Earnout 协议存在上述相似之处，但二者的区别也是比较明显的。

第一，从交易对价的支付条件和触发条件来看，业绩补偿承诺是收购

方公司在并购完成时就需要交付对价,然后根据业绩补偿承诺期的实现情况,判断是否触发约束条件。而 Earnout 协议在实际操作中一般分为两个阶段支付,预先支付和延期支付。预先支付是在并购完成后,收购方公司立即进行的首期支付;延期支付也被称为或有支付,是在以后时期可能进行的分期支付,延期支付部分的金额主要看标的公司未来是否达到约定的条件。

从上述差异来看,Earnout 协议类似于支付给目标公司的奖励,而业绩补偿承诺协议类似于对目标公司的惩罚。从心理学和行为学上分析,支付罚款对人们来说是一种更痛苦的体验,会产生更高水平的激励作用。因此,业绩补偿承诺协议可能对标的公司具有更强的激励效果。另外,对于标的公司是否触发约定的条件也是存在较大差距,业绩补偿承诺协议是以标的公司的经营业绩为条件,但 Earnout 协议下的条件比较多样化,既包括标的公司的经营业绩,也有很多的非财务指标。

第二,从双方公司的风险承担角度来看,业绩补偿承诺协议主要是降低标的公司的经营风险,一旦标的公司业绩不达标,收购方公司将承担巨大的损失。而 Earnout 协议下,除了可以降低预期内的标的公司的经营风险,还可以降低不可预期的监管风险、市场环境变化等,主要原因是 Earnout 协议约定的或有支付条款起到了关键作用。如果标的公司没有达到预期绩效,收购方公司就可以少支付或者不支付余下的价款,可以说收购方公司在或有支付期间内掌握着很大的主动权,大大降低了收购方公司面临的各种不确定性风险。除此之外,从赔偿的实际效果来看,业绩补偿承诺协议下,标的公司原股东时常出现少赔或拒不赔付的情况,对收购方公司而言并没有主动权;而 Earnout 协议下的支付主动权在收购方公司。

第三,从金融本质上来看,业绩补偿承诺属于一种欧式看跌期权,Earnout 协议属于看涨期权。所谓看跌期权是指,如果标的物在未来的市场价低于期权的执行价,此时期权的购买者有权利按照执行价出售该项标的物从而获利。如果期权不能提前执行,必须在到期日执行,就属于欧式期权;如果可以提前行权,则属于美式期权。业绩补偿承诺只有在业绩补偿承诺期结束后,依据标的公司的经营情况判断是否赔偿,从本质上看,业绩补偿承诺属于一种欧式看跌期权。反之亦然,看涨期权主要是期权的购买者预计标的物在未来的价格会上涨，其在到期日之前可以依据执行价格购入该项标的物。从本质上看，Earnout 协议属于看涨期权。

第四，从适用性来看，我国上市公司的并购活动普遍可以采用业绩补偿承诺协议，并没有行业门槛或特殊规定。Earnout 协议主要是在高成长性、高风险的行业，异地并购或者跨国并购，以及收购私有公司或者非上市公司的情况下较为多见，因而具有一定的行业偏好。

第五，Earnout 协议还具有融资功能，特别是对于外部融资受限的收购方而言，Earnout 协议是一个重要的融资来源（Bates et al., 2018）。而这得益于或有支付条件的优势，收购方公司起初只需要交付很少一部分的对价，就可以完成对标的公司的收购，节约了大量资金，而业绩补偿承诺协议没有这样的融资功能。

综上所述，业绩补偿承诺协议和 Earnout 协议既有相似之处，同时在很多方面存在较大差距，不能简单地将它们视为彼此的替代品或模仿品。业绩补偿承诺协议是我国资本市场的特殊产物，是证券监管部门致力于保护中小投资者利益进行的新尝试。因此，我们需要对业绩补偿承诺协议进行单独的研究，以更好地理解它在并购交易中的真实作用。

第四章 业绩补偿承诺的市场反应研究

由前文的研究概述和文献综述可见，有关并购活动的价值创造一直以来是学术界讨论的热点话题，而业绩补偿承诺作为中国资本市场并购重组的契约安排，目的是抑制没有业绩支撑的并购泡沫，也是我国证监会致力于保护中小投资者利益的一项改革举措。但究竟这项制度安排会带来怎样的市场反应？现有研究较少涉及对业绩补偿承诺协议具体承诺条款的深入分析，补偿条款的差异是否会引发不同的市场反应？基于理论分析，本章将针对上述问题展开实证研究。

第一节 理论分析与研究假设

并购重组活动是否增加公司价值一直是资本市场讨论的热点话题。大量研究发现，并购给交易双方带来的超额收益并不相同，往往标的公司获得显著的超额收益，而收购方股东财富受到明显损失（Andrade et al., 2001；张新，2003）。由于交易双方在并购前存在信息不对称问题，使收购方公司并不能完全了解标的公司的真实经营状况和内在价值，同时基于我国特殊的制度背景，委托代理问题导致控股股东等内部人存在利用并购重组活动谋取私利的动机和利益侵占行为（李增泉等，2005），极大损害了收购方公司股东的利益。

在并购重组交易中引入业绩补偿承诺协议，正是我国证监会为了保护中小投资者利益进行的尝试。从理论上看，首先，业绩补偿承诺要求标的公司就未来业绩提供量化的盈利预测，降低了信息不对称问题（吕长江和韩慧博，2014），增加收购方公司和股东对标的公司经营状况的了解，降低信息搜集成本，提高其对标的公司的价值判断水平，有利于减少收购方公司承担的交易风险，保障收购方股东的利益。其次，根据信号传递理论，标的公司愿意签订业绩补偿承诺，一方面可以向市场传递出标的公司属于优质资产的信号，另一方面通过明确的盈利预测信息向收购方公司和股东传递出未来经营预期良好的信号，降低逆向选择问题（李旎等，2019），提高收购方股东的投资信心。最后，如果标的公司未能够完成约定的业绩，就需要进行赔偿，这种"惩罚性"的条款设计，会促使标的公司的管理层努力经营，避免触发补偿条件，降低事后的道德风险问题，增加交易双方的互信，有助于降低并购整合风险（翟进步等，2019）。

除此之外，并购重组是影响上市公司股价的重要事件，一旦出现并购失败，会对上市公司造成极大的价值损失，管理层面临声誉损失或被解雇的风险。而签订业绩补偿承诺的并购事件极易引发媒体、分析师等信息中介的广泛关注，这种投资压力促使收购方的管理层在交易谈判过程中，谨慎甄别标的公司业绩承诺的可靠性，尽可能降低投资的不确定性风险，维护收购方公司的权益。

综上所述，投资者能否获得财富取决于并购后公司的经营情况，而业绩补偿承诺是针对被收购资产未来的经营业绩进行的约定，向投资者传递出明确的盈利信号，降低了信息不对称导致的信息搜集成本和投资不确定性（吕长江和韩慧博，2014）；另外，一旦标的公司没有达到业绩补偿承诺的盈利预测目标，收购方公司可以获得赔偿，一定程度降低收购方企业的并购整合风险（翟进步等，2019）。从监管层政策制定的初衷来讲，希望这种业绩兜底的担保机制提高对中小投资者的保护，提升市场的投资信心，所以可能引发正向的市场反应。

基于以上分析，本书提出假设1：

H1：相对于没有业绩补偿承诺的并购事件，签订业绩补偿承诺的市场反应更积极。

第二节 研究设计

一、样本选择与数据来源

本章以2008—2018年我国A股上市公司发生并购重组的事件作为研

究样本，样本选取的开始时间是自 2008 年起。主要原因是我国证监会于 2008 年颁布《上市公司重大资产重组管理办法》，首次正式以法律制度形式明确规定采用业绩补偿承诺协议的情形。而业绩补偿承诺期一般为 3 年左右，样本时间截至 2018 年可以确保获得较为完整的业绩补偿承诺完成情况的数据。并购数据来源于 CSMAR 并购重组数据库。对并购事件进行了以下处理：①选取上市公司交易地位为买方的并购事件；②剔除债务重组和要约收购，保留资产收购、资产置换和吸收合并三种类型并购；③剔除交易失败的并购事件；④剔除交易价格、标的公司净资产账面价值等交易数据缺失的并购事件，同时删除交易价格小于 100 万元的并购事件；⑤剔除 ST 类和金融类上市公司；⑥剔除收购方公司相关数据缺失的样本；⑦同一公司在同一年内发生多次并购事件的仅保留有业绩补偿承诺的事件；⑧为保证前后章节样本的一致性，本章又进行如下处理：在下文的盈余管理部分和高管减持部分采用 DID 模型，为避免 DID 模型的时间变量发生重叠，6 年内不能发生两次或以上的并购事件，如果发生仅保留第一次。

是否提供业绩补偿承诺、业绩补偿承诺的方向、赔偿方式、业绩补偿年限等数据，根据上市公司在巨潮资讯网发布的并购重组报告书进行手工整理；是否异地并购根据重组报告书中收购方公司和标的公司的办公地址手工搜集整理。其他数据均来自 CSMAR 数据库，最终得到 1 202 个并购事件，涉及 1 159 家公司。为避免异常值影响，对连续变量进行上下 1% 的缩尾处理。

二、变量定义

（一）被解释变量

本书以累计超额回报率（CAR）度量市场反应，借鉴潘红波和余明桂（2011）、李善民等（2019）的做法，采用市场模型法计算 CAR 值。按照首次公告日前（-150，-30）天作为估计窗口期进行回归，得到估计参数后，再选择首次公告日前后 1 天、前后 2 天、前后 3 天和前后 5 天的事件窗口期计算累计超额回报率，CAR 值越高，说明市场反应越积极，投资者越看好公司未来前景。

(二) 解释变量

业绩补偿承诺（VAM）是本章的核心解释变量，如果交易双方在并购报告书中签订了业绩补偿承诺协议，则 VAM 取值为 1，否则为 0。

(三) 控制变量

在控制变量方面，借鉴潘红波和余明桂（2011）、Li 等（2018）、李善民等（2019），选择公司规模（Size）、资产负债率（LEV）、市值账面比（MB）、资产报酬率（ROA）、现金及现金等价物（Cash）、产权性质（SOE）、上一年个股回报率（PriorRet）、独立董事占比（Indepr）、交易相对规模（Relativesize）、是否关联交易（Related）、是否异地并购（Nonlocal）。表 4-1 列示的是上述主要变量的定义情况。

表 4-1 变量定义表

	变量名称	定义	变量说明
被解释变量	CAR	市场反应	根据市场模型估算超额收益率，以并购事件发生的首次公告日前（-150，-30）天作为估计窗口期，首次公告日前后 1 天、前后 2 天、前后 3 天和前后 5 天的事件窗口期计算的累计超额回报率作为短期市场反应
解释变量	VAM	业绩补偿承诺协议	如果并购交易双方签订了业绩补偿承诺协议，则 VAM 取值为 1，否则为 0
控制变量	Size	公司规模	总资产的自然对数
	LEV	资产负债率	负债/总资产
	MB	市值账面比	市值除以账面价值，该比值加 1 后取自然对数
	ROA	资产报酬率	净利润/总资产
	Cash	现金及现金等价物	现金及现金等价物的余额/总资产
	SOE	产权性质	如果属于国有企业，SOE 取值为 1，否则为 0
	PriorRet	上一年个股回报率	考虑现金红利再投资的上一年的年个股回报率

续表

	变量名称	定义	变量说明
控制变量	*Indepr*	独立董事占比	独立董事人数/董事会人数
	Relativesize	交易相对规模	交易价格除以上一年收购方公司总资产的账面价值
	Related	是否关联交易	如果交易事件属于关联交易，则*Related*取值为1，否则为0
	Nonlocal	是否异地并购	如果收购方公司和标的公司的办公地址处于不同省市的行政区域，则*Nonlocal*取值为1，否则为0

三、模型设计

为了验证业绩补偿承诺对市场反应的影响，本书构建模型（4.1）来检验二者之间的关系：

$$CAR_{i,t} = \beta_0 + \beta_1 VAM_{i,t} + \sum \beta_i Control_{i,t} + Ind + Year + \varepsilon_1 \tag{4.1}$$

其中，$CAR_{i,t}$为收购方公司i在事件日窗口t期的市场反应，分别采用首次公告日前后1天、前后2天、前后3天和前后5天的事件窗口期计算的累计超额回报率来度量，$VAM_{i,t}$为交易双方是否签订业绩补偿承诺协议的哑变量，$Control_{i,t}$为一系列的控制变量，同时还控制了行业和年份固定效应，ε_1为残差项。

第三节 实证检验与回归结果分析

一、描述性统计与相关性分析

表4-2是主要变量的全样本描述性统计，被解释变量*CAR*（-1，+1）、*CAR*（-2，+2）、*CAR*（-3，+3）和*CAR*（-5，+5）的均值分别为0.056、0.074、0.086和0.103，中位数均为正数，说明市场对上市公司的并购重组活动给予积极的短期市场反应。主要解释变量*VAM*的均值为0.611，约有61.1%的并购活动中交易双方签订了业绩补偿承诺协议，该协议已经成为我国A股上市公司进行并购重组活动的重要契约。控制变量

Size 和 LEV 的均值分别为 22.021 和 0.436，最大值和最小值差异明显，不同上市公司的规模和资产负债率差距较大；MB 和 ROA 的均值分别为 1.269 和 0.041，说明上市公司的市场价值较高、盈利能力较好；Cash 的均值为 0.155，说明公司持有较少比例的现金；SOE 的均值为 0.357，说明国有企业占比约为 35.7%；PriorRet 的均值为 0.258，上市公司的上一年个股回报率较高；Indepr 的均值为 0.375，说明独立董事占比为 37.5%，独立董事在董事会中占据一定的比例；Relativesize 的均值为 0.215，交易金额占上市公司的总资产的比例为 21.5%，交易规模较大；Related 的均值为 0.552，说明关联交易占比平均约为 55.2%；Nonlocal 的均值为 0.560，上市公司实施异地并购的占比为 56%。

表 4-2 主要变量的全样本描述性统计

Variable	N	Mean	Median	SD	Min	Max
CAR (−1, +1)	1 202	0.056	0.037	0.118	−0.222	0.302
CAR (−2, +2)	1 202	0.074	0.036	0.156	−0.291	0.413
CAR (−3, +3)	1 202	0.086	0.034	0.186	−0.352	0.531
CAR (−5, +5)	1 202	0.103	0.039	0.227	−0.382	0.704
VAM	1 202	0.611	1.000	0.488	0.000	1.000
Size	1 202	22.021	21.846	1.216	19.560	25.812
LEV	1 202	0.436	0.429	0.205	0.061	0.941
MB	1 202	1.269	1.188	0.435	0.646	2.670
ROA	1 202	0.041	0.035	0.044	−0.097	0.199
Cash	1 202	0.155	0.126	0.110	0.011	0.525
SOE	1 202	0.357	0.000	0.479	0.000	1.000
PriorRet	1 202	0.258	0.112	0.643	−0.638	3.010
Indepr	1 202	0.375	0.333	0.054	0.333	0.571
Relativesize	1 202	0.215	0.123	0.290	0.001	1.802
Related	1 202	0.552	1.000	0.498	0.000	1.000
Nonlocal	1 202	0.560	1.000	0.497	0.000	1.000

以是否签订业绩补偿承诺为分组依据，表4-3列示的是单变量的均值差异检验。从短期市场反应来看，首次公告日前后1天、前后2天、前后3天和前后5天的事件窗口期内，签订业绩补偿承诺分组的 CAR 值始终高于没有签订业绩补偿承诺分组的 CAR 值，在1%水平存在显著差异。从其他控制变量的均值差异检验来看，相对于没有签订业绩补偿承诺的分组样本，签订业绩补偿承诺的上市公司的公司规模更小，资产负债率更低，市值账面比更大，现金持有量更高，非国有企业的占比更高，上一年的年个股回报率更高，交易相对规模更大，越有可能是关联交易和异地并购。

表4-3 均值差异检验表

	（1）	（2）	（3）
	VAM==1	VAM==0	Diff
CAR (−1, +1)	0.076	0.025	0.051***
CAR (−2, +2)	0.102	0.030	0.072***
CAR (−3, +3)	0.121	0.031	0.090***
CAR (−5, +5)	0.146	0.035	0.110***
Size	21.833	22.315	−0.482***
LEV	0.419	0.463	−0.045***
MB	1.366	1.115	0.251***
ROA	0.041	0.041	0.000
Cash	0.163	0.143	0.020***
SOE	0.316	0.421	−0.105***
PriorRet	0.286	0.214	0.071*
Indepr	0.373	0.377	−0.004
Relativesize	0.305	0.074	0.231***
Related	0.634	0.423	0.210***
Nonlocal	0.620	0.466	0.154***

图4-1是短期市场反应的图示，可以看出，签订业绩补偿承诺组（虚

线）和没有签订业绩补偿承诺组（实线）随时间呈上升趋势，并且 CAR 值始终高于0。但是在并购事件的首次公告日附近，签订业绩补偿承诺组的 CAR 值迅速上升，拉开了与没有签订业绩补偿承诺组的差距，从短期来看，市场更偏好有业绩补偿承诺的并购事件。

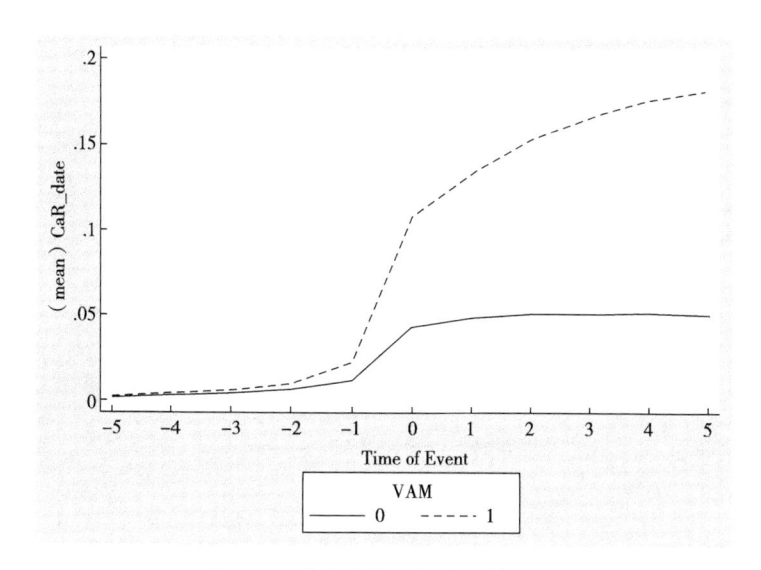

图4-1 首次公告日短窗口的 CAR

表4-4是主要变量的相关性分析表，其中左下三角是 Pearson 相关系数，右上三角是 Spearman 相关系数。从 Pearson 相关系数来看，VAM 和 CAR 的相关系数为0.237，在1%水平显著为正，初步验证提供业绩补偿承诺的并购事件，其短期市场反应显著为正。同时各变量之间的方差膨胀因子（VIF）平均为1.41，小于10，说明不存在严重的多重共线性。右上三角的 Spearman 相关系数中，VAM 和 CAR 的相关系数为0.235，在1%水平显著为正，同样说明提供业绩补偿承诺的短期市场反应更好。

表4-4 相关性分析表

	Variables	[1]	[2]	[3]	[4]	[5]	[6]
[1]	CAR（-5, +5）		0.235***	-0.139***	-0.012	0.253***	-0.063**
[2]	VAM	0.237***		-0.169***	-0.117***	0.291***	0.005

续表

Variables		[1]	[2]	[3]	[4]	[5]	[6]
[3]	Size	-0.138***	-0.193***		0.466***	-0.630***	-0.049*
[4]	LEV	-0.017	-0.106***	0.447***		-0.414***	-0.321***
[5]	MB	0.292***	0.281***	-0.605***	-0.357***		0.223***
[6]	ROA	-0.036	0.001	-0.048*	-0.313***	0.231***	
[7]	Cash	0.023	0.089***	-0.217***	-0.390***	0.255***	0.230***
[8]	SOE	-0.057**	-0.107***	0.344***	0.338***	-0.309***	-0.122***
[9]	PriorRet	0.022	0.054*	-0.016	0.000	0.236***	0.114***
[10]	Indepr	0.020	-0.038	-0.040	-0.016	0.071**	0.004
[11]	Relativesize	0.390***	0.388***	-0.282***	-0.095***	0.392***	0.072**
[12]	Related	0.170***	0.206***	0.150***	0.203***	-0.081***	-0.114***
[13]	Nonlocal	0.061**	0.151***	-0.029	-0.022	0.155***	-0.014

Variables		[7]	[8]	[9]	[10]	[11]	[12]
[1]	CAR(-5, +5)	0.003	-0.047	0.076***	0.000	0.325***	0.148***
[2]	VAM	0.084***	-0.107***	0.073**	-0.046	0.608***	0.206***
[3]	Size	-0.215***	0.323***	0.025	-0.068**	-0.303***	0.151***
[4]	LEV	-0.374***	0.333***	-0.008	-0.011	-0.144***	0.200***
[5]	MB	0.277***	-0.336***	0.251***	0.060**	0.343***	-0.123***
[6]	ROA	0.274***	-0.130***	0.098***	-0.006	-0.053*	-0.141***
[7]	Cash		-0.060**	0.059**	0.006	0.050*	-0.079***
[8]	SOE	-0.060**		-0.039	-0.083***	-0.059*	0.281***
[9]	PriorRet	0.046	-0.036		-0.012	0.043	0.005
[10]	Indepr	0.010	-0.080***	-0.012		0.018	-0.046
[11]	Relativesize	0.065**	-0.065**	0.006	0.019		0.391***
[12]	Related	-0.077***	0.281***	0.002	-0.032	0.328***	
[13]	Nonlocal	0.012	-0.162***	0.067**	0.012	0.100***	-0.112***

续表

	Variables	[13]
[1]	CAR (−5, +5)	0.052*
[2]	VAM	0.151***
[3]	Size	−0.028
[4]	LEV	−0.019
[5]	MB	0.143***
[6]	ROA	−0.030
[7]	Cash	0.008
[8]	SOE	−0.162***
[9]	PriorRet	0.088***
[10]	Indepr	0.019
[11]	Relativesize	0.116***
[12]	Related	−0.112***
[13]	Nonlocal	

注：左下三角是 Pearson 相关系数，右上三角是 Spearman 相关系数，*、**、***分别表示10%、5%、1%的显著性水平。

二、假设检验

表4-5列示了是否签订业绩补偿承诺与市场反应的回归结果。列（1）至列（4）分别是不同窗口期的市场反应，从四个窗口期的回归系数可以看出，市场反应都显著为正，在短期内业绩补偿承诺受到市场追捧，投资者普遍看好签订业绩补偿承诺的并购前景，因而呈现显著为正的超额回报率，假设1得到验证。

上述结果说明，业绩补偿承诺是并购双方对标的公司未来经营业绩的约定，通过业绩补偿承诺机制，明确标的资产的盈利信息，降低了投资不确定性，减少收购方公司承担的并购风险（吕长江和韩慧博，2014），这种业绩的兜底保障很容易激发投资者的乐观预期，短期内带来收购方公司股价的上涨。

表4-5 是否签订业绩补偿承诺与市场反应

Variable	(1) CAR(-1,+1)	(2) CAR(-2,+2)	(3) CAR(-3,+3)	(4) CAR(-5,+5)
VAM	0.020***	0.022**	0.027**	0.024*
	(2.72)	(2.33)	(2.44)	(1.90)
Size	-0.003	-0.003	0.001	0.009
	(-0.77)	(-0.58)	(0.23)	(1.31)
LEV	0.033	0.044	0.051	0.058
	(1.55)	(1.60)	(1.56)	(1.43)
MB	0.011	0.033**	0.056***	0.080***
	(0.89)	(1.98)	(2.73)	(3.16)
ROA	-0.103	-0.162	-0.227*	-0.276*
	(-1.23)	(-1.51)	(-1.76)	(-1.80)
Cash	-0.042	-0.039	-0.032	-0.020
	(-1.26)	(-0.90)	(-0.62)	(-0.32)
SOE	-0.001	-0.001	-0.006	-0.021
	(-0.13)	(-0.14)	(-0.52)	(-1.49)
PriorRet	-0.007	-0.011	-0.018*	-0.033***
	(-0.95)	(-1.29)	(-1.83)	(-2.81)
Indepr	0.068	0.100	0.085	0.062
	(1.17)	(1.34)	(0.94)	(0.59)
Relativesize	0.084***	0.130***	0.159***	0.221***
	(6.30)	(7.01)	(6.94)	(8.15)
Related	0.007	0.011	0.019*	0.025*
	(0.89)	(1.20)	(1.69)	(1.84)

续表

	（1）	（2）	（3）	（4）
Nonlocal	−0.001	−0.005	−0.006	−0.009
	(−0.16)	(−0.58)	(−0.63)	(−0.74)
Constant	0.025	−0.034	−0.139	−0.355**
	(0.24)	(−0.27)	(−0.95)	(−2.14)
Year/Industry FEs	Yes	Yes	Yes	Yes
N	1 202	1 202	1 202	1 202
$R^2\_$adj	0.160	0.204	0.221	0.257

注：全部使用调整异方差后的稳健标准误。*、**、*** 分别表示 10%、5%、1% 的显著性水平，括号中列示的为 t 值。

通过检验是否签订业绩补偿承诺与市场反应的关系，前文发现业绩补偿承诺能够引起积极的短期市场反应，给收购方股东带来显著正向的超额回报。本书接下来进一步探讨业绩补偿承诺协议的具体条款是否会产生不同的市场反应，分别从业绩补偿承诺是否存在双向模式、业绩考核的时间模式以及违约赔偿方式三个方面进行检验。笔者通过阅读并购重组报告书中的业绩补偿承诺协议内容，手工整理是否存在双向业绩补偿（Direction）、是否逐年补偿方式（Annual）以及是否股份补偿方式（Stocktype）。具体而言：

（1）双方约定当标的公司没有达成约定的业绩时，需要对收购方公司进行赔偿，同时约定当标的公司超额完成业绩达到一定比例时，收购方公司给予标的公司相应的奖励，此时即为双向业绩补偿，Direction 取值为 1，而如果仅约定标的公司没有达到承诺时需要赔偿，则为单向业绩补偿，Direction 取值为 0。

（2）当交易双方约定对标的公司采用逐年预测业绩的方式，并根据每年的实际完成情况确定是否需要赔偿时，Annual 取值为 1；当以标的公司业绩承诺期内累计实现的完成情况为依据，判断是否需要赔偿时，Annual 取值为 0。

（3）当交易双方约定采用含有股份补偿的赔偿方式时（包括单独股份补偿和股份+现金补偿），Stocktype 取值为 1；当采用单独现金补偿方式时，

Stocktype 取值为 0。

表 4-6 是以上述 734 个签订业绩补偿承诺的事件为样本，检验业绩补偿承诺的具体内容与市场反应的关系。列（1）、列（4）、列（7）和列（10）分别列示的是不同短期窗口期下 *Direction* 与 *CAR* 的回归结果，回归系数都不显著，说明是否采用双向业绩补偿对市场反应没有显著差异影响。可能的解释是：一方面，交易双方较少在实践中约定双向补偿，样本中签订双向补偿协议的并购事件不足 1/3，占比仅为 28%；另一方面，双向业绩补偿约定给予奖励的完成比例相对较高，实现难度较大。列（2）、列（5）、列（8）和列（11）分别列示的是不同短期窗口期下 *Annual* 与 *CAR* 的回归结果，回归系数显著为正，说明逐年补偿方式的市场反应更积极。这里可能的解释是相对于累计一次性的盈利预测而言，逐年补偿方式提供了业绩补偿期内每一年的盈利预测目标，向投资者传递更详细的分年度业绩预测信息，并且在当年未完成的情况下就需要赔偿，增量信息和逐年赔偿的方式对投资者的保护程度更好。列（3）、列（6）、列（9）和列（12）分别列示的是不同短期窗口期下 *Stocktype* 与 *CAR* 的回归结果，回归系数同样显著为正，说明相对于单独现金补偿方式而言，包含股份补偿方式可以带来更高的短期市场反应。从理论上讲，一旦标的公司没有完成承诺的业绩需要进行赔偿，现金赔偿本质上就是对并购定价的一种现金调整方式，标的企业的损失较小。而包含股份补偿方式需要标的公司归还其持有的上市公司股份，影响标的公司管理层持有的上市公司股份数量。而受到众多因素影响，上市公司股价具有较大不确定性，此时股份补偿方式加大了标的企业未来的不确定性风险。因此，相对于现金补偿而言，如果标的企业愿意以股份方式进行补偿，传递出标的公司对承诺的预测信息具有信心且愿意风险共担的信号，市场反应更积极。

表 4-6　业绩补偿承诺的具体条款与市场反应

Variable	(1) CAR (-1, +1)	(2) CAR (-1, +1)	(3) CAR (-1, +1)	(4) CAR (-2, +2)	(5) CAR (-2, +2)	(6) CAR (-2, +2)
Direction	0.016 (1.48)			0.012 (0.86)		

续表

	(1)	(2)	(3)	(4)	(5)	(6)
Annual		0.022*			0.029*	
		(1.80)			(1.80)	
Stocktype			0.023**			0.032**
			(2.19)			(2.36)
Size	-0.002	-0.003	-0.003	-0.004	-0.005	-0.004
	(-0.34)	(-0.47)	(-0.41)	(-0.57)	(-0.65)	(-0.58)
LEV	0.022	0.015	0.024	0.037	0.031	0.042
	(0.78)	(0.55)	(0.85)	(1.02)	(0.85)	(1.17)
MB	0.003	0.002	0.003	0.023	0.022	0.023
	(0.19)	(0.13)	(0.20)	(1.02)	(0.98)	(1.07)
ROA	-0.076	-0.086	-0.078	-0.127	-0.135	-0.124
	(-0.69)	(-0.78)	(-0.70)	(-0.89)	(-0.94)	(-0.86)
Cash	-0.051	-0.058	-0.049	-0.040	-0.047	-0.035
	(-1.13)	(-1.30)	(-1.10)	(-0.69)	(-0.81)	(-0.60)
SOE	-0.003	-0.005	-0.007	-0.008	-0.009	-0.012
	(-0.24)	(-0.41)	(-0.58)	(-0.53)	(-0.64)	(-0.82)
PriorRet	-0.008	-0.007	-0.007	-0.013	-0.012	-0.013
	(-0.81)	(-0.73)	(-0.80)	(-1.07)	(-1.02)	(-1.09)
Indepr	0.097	0.093	0.112	0.158	0.147	0.172
	(1.18)	(1.13)	(1.37)	(1.48)	(1.39)	(1.64)
Relativesize	0.067***	0.063***	0.060***	0.105***	0.100***	0.095***
	(4.83)	(4.58)	(4.25)	(5.47)	(5.28)	(4.92)
Related	0.026**	0.024**	0.020*	0.038***	0.036***	0.031**
	(2.53)	(2.34)	(1.89)	(2.84)	(2.72)	(2.23)

续表

	(1)	(2)	(3)	(4)	(5)	(6)
Nonlocal	0.010	0.012	0.011	0.008	0.009	0.009
	(1.07)	(1.22)	(1.17)	(0.68)	(0.78)	(0.74)
Constant	−0.012	−0.004	0.001	−0.016	−0.016	−0.010
	(−0.07)	(−0.02)	(0.01)	(−0.07)	(−0.07)	(−0.04)
Year/Industry FEs	Yes	Yes	Yes	Yes	Yes	Yes
N	734	734	734	734	734	734
R^2_adj	0.157	0.158	0.160	0.199	0.202	0.204

	(7)	(8)	(9)	(10)	(11)	(12)
Variable	*CAR* (−3, +3)	*CAR* (−3, +3)	*CAR* (−3, +3)	*CAR* (−5, +5)	*CAR* (−5, +5)	*CAR* (−5, +5)
Direction	0.012			0.017		
	(0.70)			(0.84)		
Annual		0.041**			0.043*	
		(2.23)			(1.95)	
Stocktype			0.032**			0.032*
			(2.02)			(1.69)
Size	0.003	0.002	0.003	0.012	0.011	0.012
	(0.32)	(0.26)	(0.32)	(1.14)	(1.07)	(1.12)
LEV	0.047	0.039	0.052	0.069	0.060	0.073
	(1.09)	(0.92)	(1.21)	(1.28)	(1.12)	(1.35)
MB	0.053*	0.052*	0.053**	0.077**	0.076**	0.078**
	(1.96)	(1.93)	(2.02)	(2.30)	(2.27)	(2.34)
ROA	−0.247	−0.255	−0.243	−0.279	−0.291	−0.279
	(−1.47)	(−1.51)	(−1.44)	(−1.36)	(−1.42)	(−1.35)
Cash	−0.027	−0.035	−0.022	−0.010	−0.021	−0.007
	(−0.38)	(−0.50)	(−0.31)	(−0.12)	(−0.25)	(−0.08)

续表

	(7)	(8)	(9)	(10)	(11)	(12)
SOE	-0.017	-0.019	-0.021	-0.033	-0.035*	-0.038*
	(-1.00)	(-1.10)	(-1.25)	(-1.60)	(-1.70)	(-1.82)
$PriorRet$	-0.022	-0.021	-0.022	-0.036**	-0.035**	-0.036**
	(-1.55)	(-1.51)	(-1.57)	(-2.27)	(-2.23)	(-2.28)
$Indepr$	0.141	0.124	0.156	0.065	0.050	0.083
	(1.07)	(0.94)	(1.19)	(0.42)	(0.32)	(0.54)
$Relativesize$	0.129***	0.123***	0.119***	0.200***	0.193***	0.190***
	(5.52)	(5.33)	(5.05)	(6.89)	(6.66)	(6.44)
$Related$	0.053***	0.052***	0.046***	0.064***	0.062***	0.056***
	(3.27)	(3.20)	(2.76)	(3.25)	(3.16)	(2.80)
$Nonlocal$	0.009	0.010	0.009	0.006	0.008	0.007
	(0.59)	(0.68)	(0.63)	(0.37)	(0.47)	(0.43)
Constant	-0.180	-0.187	-0.174	-0.417	-0.419	-0.404
	(-0.68)	(-0.71)	(-0.66)	(-1.39)	(-1.40)	(-1.36)
Year/Industry FEs	Yes	Yes	Yes	Yes	Yes	Yes
N	734	734	734	734	734	734
R^2_adj	0.208	0.213	0.212	0.247	0.250	0.249

注：全部使用调整异方差后的稳健标准误。*、**、*** 分别表示10%、5%、1%的显著性水平，括号中列示的为 t 值。

三、稳健性检验

（一）变量替换

借鉴潘红波和余明桂（2011）的研究，我们以市场调整模型法估算 CAR 值，重新度量被解释变量的市场反应；为保证结果的稳健性，同时选择多个事件窗口，分别以首次公告日前后 1 天、前后 2 天、前后 3 天和前后 5 天的事件窗口期计算累计超额回报率。

表 4-7 列示的是替换被解释变量 CAR 的回归结果，列（1）至列（4）显示不同短期窗口的回归系数均显著为正，说明签订业绩补偿承诺的短期市场反应更积极，投资者更看好有业绩补偿承诺的并购重组活动，本章的结论依然成立。

表 4-7 业绩补偿承诺的市场反应：更换被解释变量

Variable	(1) CAR^a (-1, +1)	(2) CAR^a (-2, +2)	(3) CAR^a (-3, +3)	(4) CAR^a (-5, +5)
VAM	0.020***	0.021**	0.026**	0.022*
	(2.81)	(2.30)	(2.38)	(1.81)
Size	-0.003	-0.003	0.001	0.009
	(-0.84)	(-0.56)	(0.20)	(1.32)
LEV	0.033	0.045*	0.051	0.057
	(1.57)	(1.67)	(1.58)	(1.42)
MB	0.014	0.037**	0.060***	0.088***
	(1.06)	(2.24)	(2.97)	(3.48)
ROA	-0.086	-0.132	-0.187	-0.230
	(-1.05)	(-1.26)	(-1.47)	(-1.51)
Cash	-0.041	-0.037	-0.027	-0.018
	(-1.24)	(-0.86)	(-0.53)	(-0.29)
SOE	-0.001	-0.001	-0.006	-0.020
	(-0.14)	(-0.12)	(-0.50)	(-1.46)
PriorRet	-0.003	-0.006	-0.011	-0.020*
	(-0.46)	(-0.72)	(-1.11)	(-1.70)
Indepr	0.063	0.095	0.080	0.068
	(1.10)	(1.30)	(0.89)	(0.65)

续表

	(1)	(2)	(3)	(4)
$Relativesize$	0.081***	0.127***	0.154***	0.215***
	(6.13)	(7.00)	(6.89)	(8.04)
$Related$	0.007	0.012	0.020*	0.025*
	(0.89)	(1.23)	(1.79)	(1.88)
$Nonlocal$	-0.001	-0.004	-0.004	-0.006
	(-0.08)	(-0.47)	(-0.42)	(-0.52)
Constant	0.026	-0.043	-0.148	-0.378**
	(0.26)	(-0.35)	(-1.03)	(-2.29)
Year/Industry FEs	Yes	Yes	Yes	Yes
N	1 202	1 202	1 202	1 202
R^2_adj	0.162	0.208	0.223	0.259

注：全部使用调整异方差后的稳健标准误。*、**、*** 分别表示 10%、5%、1% 的显著性水平，括号中列示的为 t 值。

(二) 内生性问题

1. PSM 样本回归

为缓解样本选择偏误导致的内生性问题，本书通过构建 PSM 样本进行回归。本书借鉴杨超等 (2018)、潘爱玲等 (2021) 的研究，以公司规模 ($Size$)、资产负债率 (LEV)、资产报酬率 (ROA)、董事长和总经理是否两职合一 ($Dual$)、是否授予高管股权激励 ($Incentive$) 为配对变量，按照 1 比 1 有放回的最邻近倾向得分匹配方法，得到 465 个实验组样本和 294 个控制组样本，共计 759 个 PSM 样本观测值。表 4-8 是 PSM 样本的平衡性检验，可以看出所有配对变量在匹配后都不存在显著差异，说明样本满足平衡性要求。

表 4-8　PSM 匹配前后样本比较

	匹配前			匹配后		
	Treat	Control	T-Test	Treat	Control	T-Test
Size	22.315	21.833	6.82***	22.293	22.304	-0.14
LEV	0.463	0.419	3.70***	0.462	0.471	-0.74
ROA	0.041	0.041	-0.02	0.041	0.040	0.17
Dual	0.271	0.283	-0.45	0.269	0.297	-0.95
Incentive	0.162	0.243	-3.33***	0.163	0.183	-0.78

表 4-9 列示的是 PSM 样本的回归结果，整体来看，提供业绩补偿承诺的短期市场反应更积极，再次验证本章结果的稳健性。

表 4-9　业绩补偿承诺的市场反应：PSM 样本

Variable	(1) CAR (-1, +1)	(2) CAR (-2, +2)	(3) CAR (-3, +3)	(4) CAR (-5, +5)
VAM	0.015	0.020*	0.029**	0.028*
	(1.58)	(1.68)	(2.05)	(1.75)
Size	-0.001	0.000	0.003	0.010
	(-0.19)	(0.08)	(0.39)	(1.28)
LEV	0.023	0.018	0.020	0.037
	(0.89)	(0.54)	(0.52)	(0.80)
MB	0.030*	0.051**	0.067***	0.095***
	(1.82)	(2.44)	(2.62)	(2.99)
ROA	-0.107	-0.142	-0.151	-0.270
	(-1.04)	(-1.10)	(-0.95)	(-1.44)
Cash	-0.083**	-0.120**	-0.138**	-0.119
	(-2.04)	(-2.31)	(-2.23)	(-1.58)

续表

	(1)	(2)	(3)	(4)
SOE	−0.001	0.003	0.002	−0.015
	(−0.10)	(0.21)	(0.13)	(−0.90)
$PriorRet$	−0.011	−0.018*	−0.025**	−0.041***
	(−1.37)	(−1.70)	(−1.98)	(−2.74)
$Indepr$	0.070	0.084	0.065	0.087
	(1.01)	(0.97)	(0.62)	(0.74)
$Relativesize$	0.100***	0.142***	0.171***	0.228***
	(4.76)	(4.90)	(5.07)	(5.70)
$Related$	−0.007	−0.006	−0.003	−0.001
	(−0.82)	(−0.53)	(−0.25)	(−0.04)
$Nonlocal$	−0.010	−0.013	−0.018	−0.018
	(−1.27)	(−1.36)	(−1.52)	(−1.39)
Constant	0.026	−0.033	−0.073	−0.301*
	(0.24)	(−0.24)	(−0.46)	(−1.67)
Year/Industry FEs	Yes	Yes	Yes	Yes
N	759	759	759	759
R^2_adj	0.142	0.185	0.206	0.236

注：全部使用调整异方差后的稳健标准误。*、**、*** 分别表示10%、5%、1%的显著性水平，括号中列示的为 t 值。

2. 熵平衡匹配法

为缓解签订业绩补偿承诺和没有签订业绩补偿承诺的并购交易之间的样本差异导致的潜在偏误问题，本书利用熵平衡方法构建了一个基于可观测特征变量的匹配样本。借鉴 Hainmueller（2012）的做法，熵平衡匹配法对控制组进行加权平衡条件处理，以便于找到实验组和控制组之间矩阵的单位权重，进而转化为更低的近似误差，使两组之间的协变量分布趋于一致。熵平衡法最大的特点在于不会损失样本数量，减少有限样本对模型的依赖，提高检验水平。

表 4-10 列示的是一阶矩条件下的配对协变量分布，和 PSM 的配对变量相同，以公司规模（*Size*）、资产负债率（*LEV*）、资产报酬率（*ROA*）、董事长和总经理是否两职合一（*Dual*）、是否授予高管股权激励（*Incentive*）为配对变量。可以看出，所有配对变量在匹配后，使得实验组和控制组的一阶矩条件基本相同，说明较好地平衡匹配了提供业绩补偿承诺和没有提供业绩补偿承诺两类样本。

表 4-10　熵平衡匹配的平衡性分布

Before：	Treat	Control
	Mean	Mean
Size	21.830	22.320
LEV	0.419	0.463
ROA	0.041	0.041
Dual	0.283	0.271
Incentive	0.243	0.162
After：	Treat	Control
	Mean	Mean
Size	21.830	21.830
LEV	0.419	0.419
ROA	0.041	0.041
Dual	0.283	0.283
Incentive	0.243	0.242

表 4-11 是熵平衡匹配样本下，业绩补偿承诺与市场反应关系的回归结果。列（1）至列（4）不同短期窗口的回归系数均显著为正，说明在考虑两类样本选择差异导致的潜在偏误问题后，本章的结论依然稳健。

表 4-11 业绩补偿承诺的市场反应：熵平衡匹配样本

Variable	(1) CAR(-1,+1)	(2) CAR(-2,+2)	(3) CAR(-3,+3)	(4) CAR(-5,+5)
VAM	0.020***	0.023**	0.028**	0.025*
	(2.75)	(2.45)	(2.47)	(1.96)
Size	-0.001	-0.001	0.003	0.010
	(-0.26)	(-0.17)	(0.51)	(1.54)
LEV	0.028	0.039	0.039	0.039
	(1.34)	(1.42)	(1.23)	(1.01)
MB	0.014	0.035**	0.055***	0.079***
	(1.12)	(2.19)	(2.79)	(3.24)
ROA	-0.135	-0.190*	-0.252**	-0.331**
	(-1.62)	(-1.81)	(-1.98)	(-2.18)
Cash	-0.036	-0.036	-0.032	-0.026
	(-1.14)	(-0.89)	(-0.66)	(-0.44)
SOE	0.001	0.001	-0.002	-0.014
	(0.11)	(0.11)	(-0.14)	(-1.02)
PriorRet	-0.006	-0.011	-0.016*	-0.031***
	(-0.90)	(-1.28)	(-1.74)	(-2.84)
Indepr	0.064	0.076	0.054	0.071
	(1.13)	(1.08)	(0.64)	(0.73)
Relativesize	0.097***	0.147***	0.178***	0.240***
	(6.89)	(7.52)	(7.34)	(8.69)
Related	0.004	0.007	0.013	0.017
	(0.48)	(0.74)	(1.21)	(1.33)
Nonlocal	-0.003	-0.008	-0.009	-0.012
	(-0.48)	(-0.99)	(-0.96)	(-1.05)

续表

	（1）	（2）	（3）	（4）
Constant	-0.005	-0.053	-0.140	-0.378**
	(-0.05)	(-0.42)	(-0.96)	(-2.28)
Year/Industry FEs	Yes	Yes	Yes	Yes
N	1 202	1 202	1 202	1 202
R^2	0.189	0.231	0.246	0.277

注：*、**、*** 分别表示 10%、5%、1% 的显著性水平，括号中列示的为 t 值。

第四节　本章小结

通过研究 2008—2018 年我国 A 股上市公司发生并购重组的事件，本章主要阐述对业绩补偿承诺的市场反应进行检验的事项。实证研究发现，相对于没有提供业绩补偿承诺的并购，提供业绩补偿承诺的短期市场反应更积极。该协议向市场传递出标的公司量化的盈利预测信息，降低了交易双方的信息不对称程度和外部投资者的信息搜集成本，提高了投资者的信心，并且标的公司一旦未能完成业绩，还需要对上市公司进行赔偿，一定程度上降低了收购方公司的并购整合风险。从短期看，业绩补偿承诺可以带来显著正向的市场反应。

进一步结合业绩补偿承诺协议的具体条款，分别从是否存在双向模式、业绩考核的时间模式以及违约赔偿方式三个方面检验市场反应，发现双向业绩补偿承诺并没有带来显著的超额回报，但是逐年补偿方式和包含股份补偿方式下，市场反应更积极。可能的解释是：首先，现阶段双向业绩补偿承诺的使用频率较低，并且约定给予奖励的完成比例相对较高，实现难度较大，可能会造成回归系数不显著；其次，逐年补偿方式向投资者传递出标的公司在各个年度的业绩预测信息，这种增量的信息和逐年赔偿的属性有助于提高投资者的信心，所以短期市场反应更积极；最后，股份补偿方式传递出标的公司对承诺的业绩更具有信心和标的公司愿意共担风险的信号，市场反应更积极。稳健性检验部分，以市场调整模型法估算

CAR 值，重新度量市场反应，在不同窗口期下得到的研究结论依然稳健。以 PSM 样本和熵平衡匹配法缓解可能存在的内生性问题后，本章结论保持不变。

与以往研究局限于某类特定并购样本不同，本章以 2008—2018 年我国 A 股上市公司的并购重组事件为研究对象，研究样本更具代表性，并且业绩补偿承诺协议经历几次修订后发生较大变化，本章研究的时间维度更广，可以检验不同时期的业绩补偿承诺协议带来的综合影响。进一步结合业绩补偿承诺协议的具体条款，发现不同业绩承诺条款下市场反应的差异结果。研究结论有助于剖析业绩补偿承诺的内部结构给资本市场带来的影响，理解交易双方热衷签订业绩补偿承诺的动因，对证券监管部门继续深化业绩补偿承诺制度改革、加强证券监管，切实保护中小投资者利益具有一定的现实意义。

第五章 业绩补偿承诺与溢价率的关系研究

业绩补偿承诺协议是交易双方自主市场谈判的博弈过程。前一章主要立足收购方公司股东的收益情况，可以看出，提供业绩补偿承诺的并购给收购方公司带来积极的短期市场反应，股东财富明显增加。与之相呼应，本章站在标的公司获得的并购溢价角度展开分析，以期检验业绩补偿承诺能否使标的公司同样获益？我国上市公司热衷于跨行业的多元化并购，是否会对业绩补偿承诺与溢价率之间的关系表现出差异影响，业绩补偿承诺的具体条款和溢价率是怎样的关系？本章将讨论上述研究问题。

第一节 理论分析与研究假设

当前并购活动的显著特点是实际交易价格通常高于目标公司的内在价值，从而导致支付溢价过高（Nielsen and Melicher, 1973）。大量研究从协同效应、管理层过度自信、委托代理问题等方面，分析收购方公司愿意支付高额溢价的动因（Roll, 1986; Varaiya, 1987; Slusky and Caves, 1991; Shleifer and Vishny, 1997）。而业绩补偿承诺作为我国并购重组的契约安排，有利于降低信息不对称程度，对交易双方的议价谈判产生重大影响。接下来，本书将从理论上分析业绩补偿承诺与并购溢价率之间的逻辑关系。

首先，业绩补偿承诺是并购双方公司市场化谈判的博弈过程。签订业绩补偿承诺协议，一方面可以向外界传递出标的公司可持续性盈利的信号，同时展示标的公司属于优质的资产，提高其谈判议价的地位。物以稀为贵，资本市场上的优质标的资产属于稀缺性资源，标的公司会要求较高的溢价。另一方面，在信息不对称的情况下，收购方公司不能掌握标的公司的真实内在价值，而业绩补偿承诺提供了标的公司未来的盈利预测信息，便于收购方公司掌握更多的信息，同时节约大量的信息搜集成本。因此，业绩补偿承诺有助于降低交易双方的信息不对称程度（吕长江和韩慧博，2014），增加收购方公司对标的公司的了解，帮助收购方公司的管理层判断标的资产未来的经营战略和发展前景，降低不确定性风险，提高收购方公司的投资信心。签订业绩补偿承诺降低了交易双方的信息不对称问题，向收购方公司传递出经营预期良好的信号，使收购方公司愿意接受较高的并购溢价。

其次，业绩补偿承诺可以有效激励和约束目标公司管理层。具体而言，如果未能如期完成承诺的业绩，标的公司需要对收购方公司进行赔偿，这种业绩对赌的安排有助于维护收购方公司的权益，同时对标的公司的管理层形成一定的业绩压力，促使其在并购完成后积极改善经营，加快双方的业务整合，寻求"1+1>2"的效果，努力实现并购协同效应。而一部分业绩补偿承诺协议约定采用双向补偿条款，对于标的公司超额完成一定比例的业绩予以奖励。这都会激励标的公司管理层努力改善企业经营，提高工作积极性。所以，根据激励理论，签订业绩补偿承诺有助于激励标的公司管理层努力工作（潘爱玲等，2017），提升并购整合效率，对于降低并购整合成本和缓解代理冲突起到积极作用，最终保护收购方股东的合法权益，使收购方公司愿意接受一定程度的并购溢价。

此外，从风险承担的角度来看，如果标的公司未能实现约定的业绩，需要以股份或现金等方式赔偿，这在一定程度上分担了原本由收购方公司承担的并购失败风险。所以，业绩补偿承诺约定的赔偿条款具有一定的风险共担作用，即使标的公司经营业绩不符合预期，在保险效应下，收购方也会获得一定的补偿。这就提高了被收购方公司的交易成本，标的公司会索取更高的并购溢价，而收购方公司也愿意接受一定程度的并购溢价。

最后，根据实物期权理论，业绩补偿承诺本质上仍是一种欧式看跌期权。当触发条件时，由于标的公司没有完成盈利预测目标需要履行赔偿义务，收购方公司享有接受对方补偿的权利。从期权具有的巨大潜在价值角度看，收购方公司的管理层理应对其享有的权利支付期权费用，业绩补偿承诺的溢价率更高。

总之，业绩补偿承诺提供了关于标的公司未来一定时期的盈利预测信息，能够有效缓解交易过程中的信息不对称问题，有助于降低收购方公司的信息搜集成本。另外，根据激励理论，业绩补偿承诺协议约定的盈余预测目标和补偿条款会对被收购方公司的管理层产生激励和约束作用。从风险承担角度来讲，被收购方的管理层将承担原来由收购方承担的一部分并购整合风险，因此会向收购方索取更高的溢价。据此，本章提出假设1：

H1：相对于没有签订业绩补偿承诺的并购而言，签订业绩补偿承诺的并购溢价率更高。

我国上市公司通常在面临激烈的产品市场竞争和产业升级压力时，其管理层期望通过多元化并购谋求快速成长（李善民和朱滔，2006）。杨威等（2019）发现中国上市公司的多元化并购存在明显的溢价现象，同时多元化并购的短期市场反应更好，可顺势带动公司股价的上涨。尽管目前关于多元化并购后的绩效褒贬不一（苏冬蔚，2005；洪道麟等，2006；李善民和朱滔，2006；张耕和高鹏翔，2020），但是一个不容忽视的现实问题是，我国上市公司依然热衷于实施多元化并购，其根源在于业绩较差的公司期望通过多元化并购进入新的利润率高的行业，以实现产业转型（杨威等，2019）。

既然上市公司热衷于跨行业的多元化并购，资本市场中的投资者同样看好多元化并购的市场前景，短期市场反应更高，那么从并购类型来看，多元化并购究竟会对业绩补偿承诺和溢价率之间的关系造成怎样的影响呢？本章接下来讨论多元化并购对业绩补偿承诺与溢价率关系的调节作用。

根据过度自信假说，管理层充分相信多元化并购对提升企业价值的积极效应。在进行投资决策时，管理层会乐观估计跨行业并购带来的效益，愿意额外支付溢价（Roll，1986）。从委托代理理论出发，管理层的多元化并购战略有助于实现其构建企业帝国的愿景（Jensen and Meckling，1976），并且多元化并购可以在短期内推高收购方公司的股价，有利于进行市值管理，这也是促使管理层愿意支付较高对价的诱因。从整体来看，相对于同行业内的并购，多元化并购为收购方管理层描绘了更乐观的预期，从收购方的主观意愿来看，更可能促使其在签订业绩补偿承诺协议时支付更高的溢价。

由于多元化并购的跨行业特点，交易双方的信息不对称问题较为严重，收购方公司难以全面了解对方所处行业的整体情况和发展潜力，处于信息优势地位的标的公司可以索取更高的并购溢价。所以，依据信息不对称理论，从标的公司掌握的信息优势来看，多元化并购可能促使签订业绩补偿承诺协议的并购溢价更高。

综合来看，无论是从收购方公司的主观支付意愿，还是标的公司的信息优势来看，相对于同行业的并购而言，多元化并购对业绩补偿承诺与溢价率之间的关系起到正向调节作用，可促使签订业绩补偿承诺的并购溢价率更高。据此，本章提出假设2：

H2：越是多元化并购重组，签订业绩补偿承诺的并购溢价越高。

第二节 研究设计

一、样本选择与数据来源

本章以2008—2018年我国A股上市公司发生并购重组的事件作为研究样本，样本选取的开始时间是自2008年起。主要原因是我国证监会于2008年颁布《上市公司重大资产重组管理办法》，首次正式以法律制度形式明确规定采用业绩补偿承诺协议的情形。而业绩补偿承诺期一般为3年左右，样本时间截至2018年可以确保获得较为完整的业绩补偿承诺完成情况的数据。并购数据来源于CSMAR并购重组数据库。对并购事件进行了如下处理：①选取上市公司交易地位为买方的并购事件；②剔除债务重组和要约收购，保留资产收购、资产置换和吸收合并三种类型并购；③剔除交易失败的并购事件；④剔除交易价格、标的公司净资产账面价值等交易数据缺失的并购事件，同时删除交易价格小于100万元的并购事件；⑤剔除ST类和金融类上市公司；⑥剔除收购方公司相关数据缺失的样本；⑦同一公司在同一年内发生多次并购事件的仅保留有业绩补偿承诺的事件；⑧为保证前后章节样本的一致性，本章又进行如下处理：在下文的盈余管理部分和高管减持部分采用DID模型，为避免DID模型的时间变量发生重叠，6年内不能发生两次或以上的并购事件，如果发生仅保留第一次。

由于计算溢价率需要标的公司所处的行业信息，笔者采用阅读并购重组报告书的方式，手工整理标的公司的行业信息。是否提供业绩补偿承诺、业绩补偿承诺的方向、赔偿方式、业绩补偿年限等数据，根据上市公司在巨潮资讯网发布的并购重组报告书进行手工整理。其他数据均来自CSMAR 数据库，得到 1 286 个并购事件，涉及 1 239 家公司。为避免异常值影响，对连续变量进行上下 1% 的缩尾处理。

二、变量定义

（一）被解释变量

本章的被解释变量是溢价率，参照 Officer（2007）、Officer 等（2009）和 Li 等（2018）的做法，以交易价格除以账面价值，然后经同行业上市公司市净率的中位数进行调整得到初始溢价率，再取该数值加 10 的自然对数得到溢价率 Offer_premium。Offer_premium 越大，说明收购方公司支付的溢价成本越高，并购溢价率越高。

（二）解释变量

业绩补偿承诺（VAM）是本章的核心解释变量，如果交易双方在并购报告书中签订了业绩补偿承诺协议，则 VAM 取值为 1，否则为 0。

（三）调节变量

是否为多元化并购（Cross）。通过手工搜集标的公司所属行业分类，如果交易双方属于证监会的同一行业分类，则 Cross 取值为 1，如果交易双方不属于证监会的同一行业分类，则 Cross 取值为 0。

（四）控制变量

借鉴李曜和宋贺（2017）、Li 等（2018），选择以下控制变量：公司规模（Size）、资产负债率（LEV）、市值账面比（MB）、资产报酬率（ROA）、现金及现金等价物（Cash）、上一年个股回报率（PriorRet）、产权性质（*SOE*）、第一大股东持股比例（*Largest*）、并购支付方式（*Paytype*）、交易相对规模（*Relativesize*）、是否关联交易（*Related*）、是否重大并购（*Major*）。表 5-1 列示的是上述主要变量的定义情况。

表 5-1 变量定义表

	变量名称	定义	变量说明
被解释变量	*Offer_premium*	溢价率	溢价率是交易价格除以账面价值，经同行业上市公司市净率的中位数进行调整后，再取该数值加 10 后的自然对数
解释变量	*VAM*	业绩补偿承诺协议	如果并购交易双方签订了业绩补偿承诺协议，则 *VAM* 取值为 1，否则为 0
调节变量	*Cross*	是否为多元化并购	如果收购方公司和标的公司属于证监会的不同行业分类时，*Cross* 取值为 1，否则为 0
控制变量	*Size*	公司规模	总资产的自然对数
	LEV	资产负债率	负债/总资产
	MB	市值账面比	市值除以账面价值，该比值加 1 后取自然对数
	ROA	资产报酬率	净利润/总资产
	Cash	现金及现金等价物	现金及现金等价物的余额/总资产
	PriorRet	上一年个股回报率	考虑现金红利再投资的上一年的年个股回报率
	SOE	产权性质	如果属于国有企业，*SOE* 取值为 1，否则为 0
	Largest	第一大股东持股比例	上市公司期末的第一大股东的持股比例
	Paytype	并购支付方式	如果并购交易采用包含股份（股份+现金或者单独股份）的支付方式，则 *Paytype* 取值为 1，如果只采用单独现金的支付方式，则 *Paytype* 取值为 2，如果采用其他支付方式（资产支付等其他方式），则 *Paytype* 取值为 0
	Relativesize	交易相对规模	交易价格除以上一年收购方公司总资产的账面价值
	Related	是否关联交易	如果交易事件属于关联交易，则 *Related* 取值为 1，否则为 0
	Major	是否重大并购	如果交易事件构成重大资产重组，则 *Major* 取值为 1，否则为 0

三、模型设计

为了验证业绩补偿承诺对溢价率的影响，本书构建模型（5.1）来检验二者之间的关系：

$$Offer\_premium_{i,t} = \beta_0 + \beta_1 VAM_{i,t} + \sum \beta_i Control_{i,t} + Ind + Year + \varepsilon_2 \quad (5.1)$$

其中，$Offer\_premium_{i,t}$ 为收购方公司 i 在 t 期完成的并购事件的溢价率，$VAM_{i,t}$ 为交易双方是否签订业绩补偿承诺协议的哑变量，$Control_{i,t}$ 为一系列的控制变量，同时还控制了行业和年份固定效应，ε_2 为残差项。

为了验证多元化并购类型对业绩补偿承诺与溢价率关系的调节作用，本书构建模型（5.2）进行分析：

$$Offer\_premium_{i,t} = \beta_0 + \beta_1 VAM_{i,t} \times Cross_{i,t} + \beta_2 VAM_{i,t} + \beta_3 Cross_{i,t} \\ + \sum \beta_i Control_{i,t} + Ind + Year + \varepsilon_3 \quad (5.2)$$

其中，$Offer\_premium_{i,t}$ 为收购方公司 i 在 t 期完成的并购事件的溢价率，$VAM_{i,t}$ 为交易双方是否签订业绩补偿承诺协议的哑变量，$Cross_{i,t}$ 为本次并购事件是否为多元化并购的哑变量，该模型的多元回归主要检验交乘项 $VAM \times Cross$ 的回归系数，$Control_{i,t}$ 为一系列的控制变量，同时还控制了行业和年份固定效应，ε_3 为残差项。

第三节 实证检验与回归结果分析

一、描述性统计与相关性分析

表 5-2 是主要变量的全样本描述性统计，被解释变量溢价率 $Offer\_premium$ 的均值和中位数分别为 2.580 和 2.462，平均而言，收购方公司支付较高的溢价水平，最小值和最大值分别为 2.214 和 4.260，说明不同公司支付的溢价成本差异较大。主要解释变量 VAM 的均值为 0.619，样本内约有 61.9% 的并购事件签订了业绩补偿承诺。调节变量是否为多元化并购 $Cross$ 的均值为 0.400，约有 40% 的收购方公司进行跨行业并购，说明多元化并购在我国 A 股市场备受青睐。控制变量方面，$Size$ 和 LEV 的均值分别为 22.265 和 0.428，最大值和最小值差距较大，不同上市公司的规模和资

产负债率迥异；*MB* 和 *ROA* 的均值分别为 1.223 和 0.045，说明相对而言上市公司的市场价值较高、盈利能力相对良好；*Cash* 的均值为 0.151，说明上市公司持有较少比例的现金；*PriorRet* 的均值为 0.290，上市公司的上一年个股回报率较高；*SOE* 的均值为 0.343，说明样本内的国有企业占比约为 34.3%；*Largest* 的均值为 0.348，说明第一大股东平均持股比例为 34.8%；*Paytype* 的均值为 1.435，中位数为 1，说明并购支付方式大多为包含股份支付方式；*Relativesize* 的均值为 0.222，交易金额占上市公司总资产的比例平均为 22.2%，说明交易规模相对较大；*Related* 的均值为 0.547，说明关联交易的占比平均为 54.7%；*Major* 的均值为 0.442，说明重大资产重组的占比平均为 44.2%。

表 5-2　主要变量的全样本描述性统计

Variable	N	Mean	Median	SD	Min	Max
Offer_premium	1 286	2.580	2.462	0.363	2.214	4.260
VAM	1 286	0.619	1.000	0.486	0.000	1.000
Cross	1 286	0.400	0.000	0.490	0.000	1.000
Size	1 286	22.265	22.063	1.159	20.043	25.768
LEV	1 286	0.428	0.421	0.191	0.069	0.844
MB	1 286	1.223	1.149	0.409	0.645	2.545
ROA	1 286	0.045	0.038	0.041	-0.063	0.194
Cash	1 286	0.151	0.122	0.107	0.012	0.581
PriorRet	1 286	0.290	0.114	0.695	-0.655	3.204
SOE	1 286	0.343	0.000	0.475	0.000	1.000
Largest	1 286	0.348	0.329	0.150	0.092	0.750
Paytype	1 286	1.435	1.000	0.579	0.000	2.000
Relativesize	1 286	0.222	0.127	0.296	0.001	1.802
Related	1 286	0.547	1.000	0.498	0.000	1.000
Major	1 286	0.442	0.000	0.497	0.000	1.000

以是否签订业绩补偿承诺为分组依据，表 5-3 列示的是单变量的均值差异检验。提供业绩补偿承诺分组的溢价率 Offer_premium 的均值为 2.661，高于没有提供业绩补偿承诺分组的溢价率 Offer_premium 的均值 2.447，在 1%水平存在显著差异。从其他控制变量的均值差异检验来看，相对于没有签订业绩补偿承诺的分组样本，签订业绩补偿承诺的收购方公司的公司规模更小，资产负债率更低，市值账面比更大，资产报酬率更高，现金持有水平更高，上一年的年个股回报率更高，非国有企业的占比更高，第一大股东持股比例越低，更不太可能采用现金支付方式，交易相对规模更大，更有可能是关联交易和重大资产重组。

表 5-3 均值差异检验表

	(1)	(2)	(3)
	VAM==1	VAM==0	Diff
Offer_premium	2.661	2.447	0.214***
Size	22.173	22.414	−0.240***
LEV	0.407	0.462	−0.055***
MB	1.296	1.103	0.193***
ROA	0.047	0.040	0.007***
Cash	0.157	0.141	0.015**
PriorRet	0.354	0.185	0.169***
SOE	0.298	0.416	−0.119***
Largest	0.338	0.364	−0.026***
Paytype	1.202	1.814	−0.612***
Relativesize	0.312	0.075	0.237***
Related	0.627	0.416	0.211***
Major	0.628	0.139	0.489***

表 5-4 是主要变量的相关性分析表，左下三角是 Pearson 相关系数，右上三角是 Spearman 相关系数。从 Pearson 相关系数来看，VAM 和 Offer_ *premium* 的相关系数为 0.286，在 1%水平显著为正，初步验证提供业绩补偿承诺的并购活动中，收购方公司支付更高的溢价。同时各变量之间的方差膨胀因子（VIF）平均为 1.65，小于 10，说明不存在严重的多重共线性。从右上三角的 Spearman 相关系数来看，*VAM* 和 *Offer_ premium* 的相关系数为 0.425，在 1%水平显著为正，同样说明签订业绩补偿承诺的并购活动的溢价率更高。

表 5-4 相关性分析表

Variables		[1]	[2]	[3]	[4]	[5]	[6]
[1]	*Offer_ premium*		0.425***	-0.170***	-0.239***	0.303***	0.173***
[2]	*VAM*	0.286***		-0.062**	-0.142***	0.239***	0.092***
[3]	*Size*	-0.165***	-0.101***		0.530***	-0.580***	-0.127***
[4]	*LEV*	-0.231***	-0.140***	0.535***		-0.460***	-0.295***
[5]	*MB*	0.304***	0.229***	-0.541***	-0.427***		0.331***
[6]	*ROA*	0.182***	0.084***	-0.132***	-0.279***	0.368***	
[7]	*Cash*	0.088***	0.068**	-0.196***	-0.325***	0.274***	0.222***
[8]	*PriorRet*	0.103***	0.118***	-0.041	-0.020	0.332***	0.139***
[9]	*SOE*	-0.268***	-0.121***	0.388***	0.320***	-0.330***	-0.120***
[10]	*Largest*	-0.123***	-0.086***	0.215***	0.164***	-0.130***	0.052*
[11]	*Paytype*	-0.060**	-0.514***	-0.083***	0.022	-0.102***	-0.080***
[12]	*Relativesize*	0.195***	0.389***	-0.143***	-0.191***	0.387***	0.347***
[13]	*Related*	-0.103***	0.205***	0.280***	0.168***	-0.134***	-0.020
[14]	*Major*	0.085***	0.479***	0.065**	0.013	0.107***	0.053*
Variables		[7]	[8]	[9]	[10]	[11]	[12]
[1]	*Offer_ premium*	0.072***	0.088***	-0.311***	-0.174***	-0.152***	0.344***
[2]	*VAM*	0.074***	0.131***	-0.121***	-0.098***	-0.547***	0.607***
[3]	*Size*	-0.186***	0.003	0.365***	0.173***	-0.103***	-0.117***
[4]	*LEV*	-0.298***	-0.031	0.317***	0.159***	0.042	-0.207***

续表

Variables		[7]	[8]	[9]	[10]	[11]	[12]
[5]	MB	0.281***	0.347***	−0.361***	−0.146***	−0.078***	0.281***
[6]	ROA	0.257***	0.100***	−0.128***	0.032	−0.045	0.120***
[7]	Cash		0.082***	0.016	0.007	−0.006	0.070**
[8]	PriorRet	0.104***		−0.052*	−0.030	−0.108***	0.135***
[9]	SOE	0.008	−0.065**		0.253***	−0.083***	−0.067**
[10]	Largest	−0.018	−0.030	0.258***		0.005	−0.040
[11]	Paytype	0.006	−0.080***	−0.085***	−0.036		−0.693***
[12]	Relativesize	0.162***	0.159***	−0.084***	0.029	−0.553***	
[13]	Related	−0.023	0.041	0.283***	0.175***	−0.430***	0.339***
[14]	Major	0.014	0.125***	0.067**	0.013	−0.634***	0.565***

Variables		[13]	[14]
[1]	Offer_premium	−0.109***	0.140***
[2]	VAM	0.205***	0.479***
[3]	Size	0.290***	0.091***
[4]	LEV	0.167***	0.009
[5]	MB	−0.180***	0.092***
[6]	ROA	−0.060**	0.039
[7]	Cash	−0.023	0.024
[8]	PriorRet	0.036	0.121***
[9]	SOE	0.283***	0.067**
[10]	Largest	0.161***	−0.002
[11]	Paytype	−0.438***	−0.658***
[12]	Relativesize	0.401***	0.747***
[13]	Related		0.451***
[14]	Major	0.451***	

注：左下三角是 Pearson 相关系数，右上三角是 Spearman 相关系数，*、**、*** 分别表示10%、5%、1%的显著性水平。

二、假设检验

表 5-5 列示了是否签订业绩补偿承诺与溢价率的回归结果。列（1）中 *VAM* 的回归系数为 0.182，在 1% 水平显著正相关，这一结果说明越是签订业绩补偿承诺的并购，其溢价率越高，意味着收购方公司需要支付较高的并购成本。标的公司主动披露未来一定时期的盈利预测信息，可以节约收购方公司的信息搜集成本，降低信息不对称程度；更为重要的是，如果被收购方没有完成盈利预测就需要进行赔偿，降低了收购方公司的并购整合风险，同时提高了被收购方的并购成本。因此，标的公司可能会提出更高的报价，而收购方公司在降低了收购风险的情况下，也同意支付高溢价，假设 1 得到验证。

列（2）列示了是否为多元化并购对签订业绩补偿承诺与溢价率之间关系的调节作用。业绩补偿承诺与是否为多元化并购的交乘项 *VAM×Cross* 的回归系数为 0.100，在 5% 水平显著为正，表明跨行业并购带来的乐观预期以及标的公司的信息优势地位，使签订业绩补偿承诺的收购方公司愿意接受较高的溢价水平，多元化并购正向调节业绩补偿承诺和溢价率之间的关系，即越是多元化并购，签订业绩补偿承诺的溢价率越高，假设 2 得到验证。

表 5-5 是否签订业绩补偿承诺与溢价率

Variable	(1) Offer_premium	(2) Offer_premium
VAM	0.182***	0.140***
	(6.90)	(4.85)
VAM×Cross		0.100**
		(2.53)
Cross		−0.020
		(−0.69)
Size	0.028**	0.029**
	(2.48)	(2.55)

续表

	(1)	(2)
LEV	-0.176***	-0.172***
	(-2.74)	(-2.68)
MB	0.158***	0.158***
	(3.60)	(3.62)
ROA	0.443	0.463
	(1.42)	(1.49)
Cash	-0.172*	-0.176*
	(-1.76)	(-1.82)
PriorRet	-0.004	-0.003
	(-0.26)	(-0.18)
SOE	-0.102***	-0.104***
	(-5.33)	(-5.44)
Largest	-0.033	-0.032
	(-0.53)	(-0.52)
Paytype	0.048*	0.046*
	(1.86)	(1.80)
Relativesize	0.072	0.079
	(1.34)	(1.47)
Related	-0.061***	-0.057***
	(-2.80)	(-2.59)
Major	-0.004	-0.007
	(-0.16)	(-0.25)
Constant	1.808***	1.796***
	(5.88)	(5.83)

续表

	（1）	（2）
Year/Industry FEs	Yes	Yes
N	1 286	1 286
R^2_adj	0.223	0.229

注：全部使用调整异方差后的稳健标准误。*、**、*** 分别表示 10%、5%、1% 的显著性水平，括号中列示的为 t 值。

同上一章的思路，本书接下来进一步探讨业绩补偿承诺协议的具体条款是否会对溢价率产生差异影响，分别从业绩补偿承诺是否存在双向模式、业绩考核的时间模式以及违约赔偿方式三个方面进行检验。三个变量仍沿用前述的变量定义：是否存在双向业绩补偿（Direction）、是否逐年补偿方式（Annual）以及是否股份补偿方式（Stocktype）。表 5-6 是利用 796 个签订业绩补偿承诺的样本，检验该协议的具体内容对溢价率影响的回归结果。首先，列（1）是否存在双向业绩补偿 Direction 的回归系数为 0.101，在 1% 水平显著为正，说明采用双向业绩补偿的方式时，并购溢价率更高。一个可能的解释是，双向补偿承诺作为一种激励手段，旨在鼓励标的公司管理层努力改善企业经营，但潘爱玲等（2017）发现，双向业绩补偿承诺实际上没有发挥应有的激励作用。由于采用双向补偿承诺的预期增长率相对较高，交易价格偏离程度大（李秉祥等，2019），相对于未来不确定性较高的激励收益，追求短期既得利益动机容易使双向补偿成为标的公司管理层谋取高溢价的一种手段。同时，相对于单向补偿承诺，双向业绩补偿承诺有助于增强双方的平等地位（李秉祥等，2019），提高标的公司的谈判议价能力，进而索取较高的并购溢价。列（2）Annual 和列（3）Stocktype 与溢价率的回归系数都不显著，说明业绩补偿承诺方向主要强调并购完成当年对标的公司管理层产生激励作用，而业绩考核的时间设定方式和违约赔偿方式更侧重于标的公司未来时期的赔偿，对并购溢价率没有差异影响。

表5-6 业绩补偿承诺的具体条款与溢价率

Variable	(1) Offer_premium	(2) Offer_premium	(3) Offer_premium
Direction	0.101***		
	(3.07)		
Annual		-0.014	
		(-0.41)	
Stocktype			0.047
			(1.29)
Size	0.026	0.020	0.020
	(1.51)	(1.14)	(1.14)
LEV	-0.277***	-0.307***	-0.297***
	(-3.05)	(-3.39)	(-3.25)
MB	0.165***	0.157***	0.158***
	(3.09)	(2.98)	(2.99)
ROA	0.269	0.238	0.219
	(0.62)	(0.55)	(0.51)
Cash	-0.173	-0.214	-0.208
	(-1.24)	(-1.52)	(-1.48)
PriorRet	-0.009	-0.004	-0.008
	(-0.40)	(-0.20)	(-0.34)
SOE	-0.113***	-0.122***	-0.123***
	(-4.43)	(-4.77)	(-4.84)
Largest	0.040	0.028	0.035
	(0.50)	(0.35)	(0.44)
Paytype	0.075**	0.069**	0.094***
	(2.53)	(2.35)	(2.72)

续表

	（1）	（2）	（3）
Relativesize	0.087	0.076	0.080
	(1.36)	(1.20)	(1.25)
Related	-0.084***	-0.095***	-0.096***
	(-2.73)	(-3.09)	(-3.11)
Major	0.011	0.013	0.009
	(0.33)	(0.39)	(0.29)
Constant	2.034***	2.256***	2.213***
	(5.04)	(5.65)	(5.55)
Year/Industry FEs	Yes	Yes	Yes
N	796	796	796
R^2_adj	0.219	0.207	0.209

注：全部使用调整异方差后的稳健标准误。*、**、*** 分别表示10%、5%、1%的显著性水平，括号中列示的为 t 值。

三、稳健性检验

（一）变量替换

参考唐宗明和蒋位（2002）、陈仕华和卢昌崇（2013）、陈仕华和卢昌崇（2014）等国内学者的做法，采用（交易价-账面价）/账面价的公式重新计算溢价率，并以 *Premium* 标记。表5-7中列（1）是否业绩补偿承诺与溢价率的回归系数为0.682，在1%水平显著为正，说明提供业绩补偿承诺的并购溢价率更高。列（2）检验多元化并购对二者关系的调节作用，是否业绩补偿承诺与是否为多元化并购的交乘项 *VAM×Cross* 的回归系数为0.234，在5%水平显著为正，说明越是跨行业并购，签订业绩补偿承诺的溢价率更高，本章的主要结论不变。

表 5-7　是否签订业绩补偿承诺与溢价率：更换被解释变量

Variable	(1) Premium	(2) Premium
VAM	0.682***	0.583***
	(10.78)	(7.94)
VAM×Cross		0.234**
		(2.33)
Cross		-0.057
		(-0.71)
Size	0.062**	0.064**
	(2.12)	(2.18)
LEV	-0.422***	-0.413***
	(-2.68)	(-2.63)
MB	0.368***	0.370***
	(3.51)	(3.53)
ROA	1.065	1.105
	(1.53)	(1.59)
Cash	-0.399*	-0.408*
	(-1.71)	(-1.77)
PriorRet	-0.001	0.002
	(-0.02)	(0.05)
SOE	-0.262***	-0.267***
	(-4.93)	(-5.03)
Largest	-0.248	-0.247
	(-1.57)	(-1.57)
Paytype	0.116**	0.112*
	(1.98)	(1.91)
Relativesize	0.321***	0.337***
	(2.81)	(2.94)

续表

	（1）	（2）
Related	-0.217***	-0.207***
	(-3.95)	(-3.76)
Major	-0.045	-0.051
	(-0.68)	(-0.77)
Constant	-0.605	-0.627
	(-0.83)	(-0.86)
Year/Industry FEs	Yes	Yes
N	1 286	1 286
R^2_adj	0.321	0.326

注：全部使用调整异方差后的稳健标准误。*、**、*** 分别表示 10%、5%、1% 的显著性水平，括号中列示的为 t 值。

（二）内生性问题

1. PSM 样本回归

为缓解样本选择偏误导致的内生性问题，本书通过构建 PSM 样本进行回归。借鉴杨超等（2018）、潘爱玲等（2021）的研究，以公司规模（Size）、资产负债率（LEV）、资产报酬率（ROA）、董事长和总经理是否两职合一（Dual）、是否授予高管股权激励（Incentive）为配对变量，按照 1 比 1 有放回的最邻近倾向得分匹配方法，得到 488 个实验组样本和 327 个控制组样本，共计 815 个 PSM 样本观测值。表 5-8 是 PSM 样本的平衡性检验，所有配对变量在匹配后都不存在显著差异，说明样本满足平衡性要求。

表 5-8　PSM 匹配前后样本比较

	匹配前			匹配后		
	Treat	Control	T-Test	Treat	Control	T-Test
Size	22.414	22.173	3.63***	22.414	22.428	-0.18

续表

	匹配前			匹配后		
	Treat	Control	T-Test	Treat	Control	T-Test
LEV	0.462	0.407	5.05***	0.463	0.470	-0.60
ROA	0.040	0.047	-3.04***	0.040	0.042	-0.69
Dual	0.282	0.271	0.40	0.281	0.258	0.79
Incentive	0.182	0.260	-3.26***	0.180	0.182	-0.08

表 5-9 列示的是 PSM 样本的回归结果。列（1）和列（3）*VAM* 的回归系数显著为正，说明提供业绩补偿承诺的溢价率更高；列（2）*VAM× Cross* 的系数为正，但不显著，列（4）*VAM×Cross* 的系数显著为正，说明多元化并购中签订业绩补偿承诺的溢价率更高。在考虑样本选择偏误问题后，本章结论依然成立。

表 5-9　业绩补偿承诺与溢价率：PSM 样本

Variable	(1) *Offer_premium*	(2) *Offer_premium*	(3) *Premium*	(4) *Premium*
VAM	0.182***	0.147***	0.702***	0.610***
	(5.71)	(4.05)	(9.23)	(6.68)
VAM×Cross		0.079		0.211*
		(1.55)		(1.68)
Cross		-0.015		-0.045
		(-0.50)		(-0.54)
Size	0.025*	0.027*	0.073*	0.078**
	(1.72)	(1.83)	(1.94)	(2.04)
LEV	-0.039	-0.041	-0.081	-0.087
	(-0.49)	(-0.51)	(-0.40)	(-0.42)

续表

	(1)	(2)	(3)	(4)
MB	0.152**	0.152**	0.383**	0.383**
	(2.41)	(2.43)	(2.45)	(2.47)
ROA	0.792**	0.771*	1.848**	1.791*
	(2.01)	(1.95)	(1.99)	(1.93)
Cash	-0.087	-0.079	-0.077	-0.053
	(-0.72)	(-0.66)	(-0.26)	(-0.18)
PriorRet	-0.010	-0.008	-0.022	-0.017
	(-0.47)	(-0.37)	(-0.34)	(-0.26)
SOE	-0.085***	-0.086***	-0.197***	-0.200***
	(-3.95)	(-4.00)	(-2.97)	(-3.03)
Largest	-0.080	-0.084	-0.394*	-0.405*
	(-1.01)	(-1.06)	(-1.86)	(-1.91)
Paytype	0.044	0.044	0.101	0.100
	(1.31)	(1.31)	(1.30)	(1.29)
Relativesize	0.088	0.094	0.342**	0.359**
	(1.13)	(1.21)	(2.06)	(2.14)
Related	-0.054**	-0.052**	-0.208***	-0.204***
	(-2.07)	(-2.00)	(-2.97)	(-2.90)
Major	-0.002	-0.002	-0.055	-0.054
	(-0.06)	(-0.04)	(-0.60)	(-0.59)
Constant	1.827***	1.799***	-0.988	-1.058
	(4.56)	(4.48)	(-1.03)	(-1.10)
Year/Industry FEs	Yes	Yes	Yes	Yes
N	815	815	815	815

续表

	(1)	(2)	(3)	(4)
R^2_adj	0.197	0.198	0.268	0.270

注：全部使用调整异方差后的稳健标准误。*、**、*** 分别表示 10%、5%、1% 的显著性水平，括号中列示的为 t 值。

2. 熵平衡匹配法

为缓解签订业绩补偿承诺和没有签订业绩补偿承诺的并购交易之间的样本差异导致的潜在偏误问题，利用熵平衡方法构建了一个基于可观测特征变量的匹配样本。借鉴 Hainmueller（2012）的做法，熵平衡匹配法对控制组进行加权平衡条件处理，以便于找到实验组和控制组之间矩阵的单位权重，进而转化为更低的近似误差，使两组之间的协变量分布趋于一致。熵平衡法最大的特点在于不会损失样本数量，减少有限样本对模型的依赖，提高检验水平。

表 5-10 列示的是一阶矩条件下的配对协变量分布，和 PSM 的配对变量相同，以公司规模（$Size$）、资产负债率（LEV）、资产报酬率（ROA）、董事长和总经理是否两职合一（$Dual$）、是否授予高管股权激励（$Incentive$）为配对变量。可以看出，所有的配对变量在匹配后，使得实验组和控制组的一阶矩条件基本相同，说明较好地平衡匹配了提供业绩补偿承诺和没有提供业绩补偿承诺的两类样本。

表 5-10 熵平衡匹配的平衡性分布

Before：	Treat	Control
	Mean	Mean
$Size$	22.170	22.410
LEV	0.408	0.463
ROA	0.047	0.040
$Dual$	0.271	0.282
$Incentive$	0.260	0.182

续表

After:	Treat	Control
	Mean	Mean
Size	22.170	22.170
LEV	0.408	0.408
ROA	0.047	0.047
Dual	0.271	0.271
Incentive	0.260	0.260

表 5-11 列示的是熵平衡匹配样本下业绩补偿承诺与溢价率关系的回归结果。列（1）和列（3）显示，VAM 的回归系数均在 1% 水平显著为正，说明提供业绩补偿承诺的并购事件，其溢价率更高；列（2）和列（4）显示，VAM×Cross 的回归系数均在 5% 水平显著为正，说明越是多元化并购，提供业绩补偿承诺的溢价率越高。在考虑两类样本选择差异导致的潜在偏误问题后，本章的研究结论依然稳健。

表 5-11 业绩补偿承诺与溢价率：熵平衡匹配样本

Variable	(1) Offer_premium	(2) Offer_premium	(3) Premium	(4) Premium
VAM	0.195***	0.153***	0.716***	0.610***
	(7.39)	(5.04)	(11.22)	(8.08)
VAM×Cross		0.102**		0.252**
		(2.40)		(2.35)
Cross		−0.019		−0.067
		(−0.56)		(−0.74)
Size	0.034**	0.034***	0.080**	0.082**
	(2.58)	(2.64)	(2.41)	(2.47)
LEV	−0.122*	−0.119*	−0.292*	−0.286*
	(−1.83)	(−1.79)	(−1.73)	(−1.70)

续表

	(1)	(2)	(3)	(4)
MB	0.174***	0.174***	0.403***	0.405***
	(3.20)	(3.22)	(3.11)	(3.14)
ROA	0.677*	0.692*	1.473*	1.502*
	(1.84)	(1.87)	(1.77)	(1.81)
Cash	-0.153*	-0.154*	-0.355	-0.355
	(-1.67)	(-1.70)	(-1.49)	(-1.50)
PriorRet	-0.009	-0.008	-0.013	-0.011
	(-0.52)	(-0.47)	(-0.28)	(-0.23)
SOE	-0.101***	-0.103***	-0.257***	-0.262***
	(-5.26)	(-5.38)	(-4.65)	(-4.78)
Largest	-0.015	-0.015	-0.220	-0.222
	(-0.19)	(-0.20)	(-1.17)	(-1.17)
Paytype	0.043	0.042	0.105*	0.101
	(1.62)	(1.57)	(1.65)	(1.60)
Relativesize	0.052	0.059	0.298**	0.314**
	(0.89)	(1.01)	(2.38)	(2.51)
Related	-0.044**	-0.040*	-0.163***	-0.153***
	(-2.03)	(-1.84)	(-2.80)	(-2.64)
Major	-0.010	-0.013	-0.074	-0.081
	(-0.37)	(-0.46)	(-1.07)	(-1.17)
Constant	1.660***	1.644***	-1.057	-1.085
	(4.70)	(4.65)	(-1.27)	(-1.30)
Year/Industry FEs	Yes	Yes	Yes	Yes
N	1 286	1 286	1 286	1 286
R^2	0.234	0.240	0.317	0.322

注：*、**、***分别表示10%、5%、1%的显著性水平，括号中列示的为 t 值。

3. Heckman 两步法

为缓解样本自选择引起的内生性问题，借鉴柳建华等（2021）的做法，采用 Heckman 两步法进行回归。表 5-12 的列（1）是第一阶段的回归结果，采用 Probit 模型进行回归，将基础模型的所有控制变量均加入回归模型，计算得到逆米尔斯比例（IMR）。接下来，再将计算出来的 IMR 放入第二阶段的模型进行回归，表 5-12 的列（2）和列（3）显示，VAM 单独项、VAM 和 Cross 的交乘项均显著为正，说明在考虑样本自选择问题后，本章研究结论依然成立。

表 5-12 是否签订业绩补偿承诺与溢价率

Variable	（1）VAM	（2）Offer_premium	（3）Offer_premium	（4）Premium	（5）Premium
VAM		0.273***	0.211**	1.031***	0.889***
		(3.36)	(2.52)	(5.42)	(4.52)
VAM×Cross			0.098**		0.225**
			(2.47)		(2.24)
Cross			-0.019		-0.054
			(-0.66)		(-0.67)
Size	-0.169***	0.033***	0.033***	0.080***	0.079***
	(-2.86)	(2.75)	(2.72)	(2.63)	(2.61)
LEV	0.077	-0.175***	-0.171***	-0.417***	-0.409***
	(0.23)	(-2.72)	(-2.67)	(-2.66)	(-2.61)
MB	0.038	0.158***	0.158***	0.367***	0.369***
	(0.20)	(3.60)	(3.62)	(3.50)	(3.53)
ROA	0.657	0.433	0.454	1.024	1.068
	(0.47)	(1.40)	(1.47)	(1.48)	(1.55)
Cash	0.457	-0.183*	-0.185*	-0.443*	-0.447*
	(0.93)	(-1.86)	(-1.89)	(-1.90)	(-1.93)

续表

	（1）	（2）	（3）	（4）	（5）
PriorRet	0.046	-0.005	-0.004	-0.003	0.000
	(0.55)	(-0.29)	(-0.21)	(-0.06)	(0.00)
SOE	-0.336***	-0.095***	-0.099***	-0.236***	-0.244***
	(-2.88)	(-4.82)	(-4.98)	(-4.35)	(-4.50)
Largest	-0.200	-0.029	-0.029	-0.233	-0.234
	(-0.63)	(-0.46)	(-0.46)	(-1.47)	(-1.48)
Paytype	-0.955***	0.075**	0.067*	0.219***	0.201**
	(-7.49)	(2.14)	(1.90)	(2.77)	(2.53)
Relativesize	1.907***	0.070	0.077	0.311***	0.327***
	(3.53)	(1.30)	(1.43)	(2.75)	(2.89)
Related	-0.046	-0.061***	-0.057***	-0.215***	-0.206***
	(-0.44)	(-2.78)	(-2.58)	(-3.93)	(-3.75)
Major	0.584***	-0.025	-0.023	-0.126	-0.121
	(4.15)	(-0.71)	(-0.65)	(-1.54)	(-1.48)
IMR		-0.056	-0.043	-0.216*	-0.187*
		(-1.19)	(-0.91)	(-1.92)	(-1.66)
Constant	1.243	1.667***	1.687***	-1.150	-1.098
	(0.65)	(5.16)	(5.21)	(-1.49)	(-1.42)
Year/Industry FEs	Yes	Yes	Yes	Yes	Yes
N	1 286	1 286	1 286	1 286	1 286
Pseudo R^2/R^2_adj	0.389	0.223	0.229	0.322	0.326

注：全部使用调整异方差后的稳健标准误。*、**、*** 分别表示10%、5%、1%的显著性水平，括号中列示的为 t 值。

第四节　本章小结

本章以 2008—2018 年我国 A 股上市公司发生并购重组的事件作为研究样本，对提供业绩补偿承诺的并购事件与溢价率的关系进行检验。实证研究发现，相对于没有提供业绩补偿承诺的并购而言，签订业绩补偿承诺协议推高了被收购方的估值，收购方需要支付更高的并购溢价。我国上市公司热衷于进行跨行业的多元化并购，区分并购类型后发现，多元化并购正向调节了业绩补偿承诺和溢价率之间的关系，越是多元化并购，提供业绩补偿承诺的溢价率越高。

进一步结合业绩补偿承诺协议的具体条款，分别从是否存在双向模式、业绩考核的时间模式以及违约赔偿方式三个方面检验发现，采用双向业绩补偿的方式时，并购溢价率更高，主要的原因是我国并购重组活动的双向业绩补偿承诺激励作用有限，并且该方式下预期增长率相对较高，交易价格偏离程度大，相对于未来不确定性较高的激励收益，追求短期既得利益的动机，容易使得双向补偿成为标的公司管理层谋取高溢价的一种手段。同时，相对于单向补偿承诺，双向业绩补偿承诺增加了标的公司管理层的谈判议价能力，进而索取较高的并购溢价。业绩考核的时间设定方式和违约赔偿方式对并购溢价率没有显著的差异影响。最后，替换溢价率的变量定义，本章结论依然成立。以 PSM 样本、熵平衡匹配法和 Heckman 两步法，缓解可能存在的内生性问题后，本章结论依然保持不变。

与上一章立足收购方公司股东的收益情况相呼应，本章站在标的公司获得的并购溢价角度展开分析。由于业绩补偿承诺协议是交易双方自主市场谈判的博弈过程，"高估值"和"高溢价"现象导致标的公司即便没有完成承诺的业绩，其溢价收益扣减赔付金额后，仍然是有利可图的，也就是说，违约的机会成本过低，这应当引起监管部门的重视。

第六章 业绩补偿承诺与并购绩效的关系研究

前两章通过对业绩补偿承诺的市场反应和其与溢价率的关系进行检验，发现在我国上市公司进行的并购重组活动中，签订业绩补偿承诺协议的市场反应和溢价率更高，业绩补偿承诺存在"高股价"和"高估值"现象，既在短期内推高上市公司的股票价格，同时给标的公司带来较高的并购溢价，并购双方公司都是有利可图。而"高股价"和"高估值"的现象背后是否隐藏着机会主义动机？在业绩补偿承诺期内尚且有赔偿条款的约束，承诺期结束后的公司业绩又会是怎样的表现，是否会发生明显的"业绩变脸"？对于业绩补偿承诺带来的并购绩效这一问题的回答，是判断业绩补偿承诺对投资者保护效果的重要证据。所以，本章的第一个研究问题就是分析业绩补偿承诺期结束后，收购方公司的并购绩效和公司价值会发生怎样的变化。如果补偿期结束后收购方公司的并购绩效大幅下滑，那么在承诺期间的合并报表极有可能隐藏着上市公司管理层的盈余管理动机，其原因是避免上市公司出现业绩下滑和股价下跌，给高管带来巨大的业绩压力和声誉损失。而本章的另一个研究问题是探讨业绩补偿承诺的背后是否隐藏着上市公司管理层的盈余管理行为。从投资者保护的角度来看，分析业绩补偿承诺实施后的并购绩效以及补偿期内可能隐藏的盈余管理动机，不仅从理论上丰富了盈余管理的影响因素研究，而且对于完善资本市场制度建设具有重要的现实意义。

第一节 业绩补偿承诺与并购绩效

并购绩效是体现上市公司并购活动成败的重要经济指标，然而在并购活动中普遍存在着盈余管理现象。现有研究关于盈余管理对并购绩效的影响，大多支持盈余管理对并购绩效造成了负面效应（罗声明，2011；张自巧和葛伟杰，2013），最终损害了中小投资者的切身利益。虽然潘爱玲等（2017）从标的公司的经营业绩方面、杨超等（2018）从上市公司的并购业绩方面进行分析，但上述研究都没有对比承诺期前后的情况。近些年来，我国资本市场出现一系列的业绩补偿承诺怪象，如双方随意更改业绩补偿承诺协议、少数企业未能完成业绩承诺却又无力支付赔偿款等。虽然大多数企业在承诺期内完成了业绩要求，但是存在"精准达标"现象，预示着背后隐藏有强烈的盈余管理行为。这就带来一个问题：业绩补偿期内尚有赔偿条款的约束，那么，随着补偿期结束不再对标的公司进行业绩考核，收购方公司经营业绩将如何变化？

在业绩补偿承诺期后，从逻辑上来看，应继续观测被收购方的业绩是否出现"变脸"，由于标的公司大多数为非上市公司，使得研究者无法获得公开数据进行对比，但是可以换一种视角——对比承诺期完成前和完成后收购方公司总体业绩的变化。如前所述，这是因为标的公司业绩的好坏直接反映到收购方公司的合并报表中，此时对比口径一致，都是收购方公司已经完成并购后的总体经营业绩和公司价值。业绩补偿承诺不仅使得被收购方的管理层有考核压力，收购方同样面临考验，因为一旦被收购方的业绩没有完成，一场失败的并购立即会暴露在公众面前，而且被收购方如果严重经营不善，可能无力进行赔偿。此外，并购事件的成败关乎收购方高管的职场升迁和企业的资本市场形象，如果是重大决策失误，收购方的高管将承担失职责任（Bens et al.，2012）。所以，对于收购方高管来讲，同样面临着业绩再审查，当度过了业绩补偿承诺期，高管的责任自然会大幅减轻。通过转换角度，本书将比较上市公司在承诺期结束前后的业绩变化。

笔者预计，当业绩补偿承诺期结束后，上市公司的并购绩效极有可能出现大幅下降，理由如下：从并购的交易双方来看，在"高承诺—高估值—高溢价"的链条下，如果被收购方为获得高估值采取隐瞒其真实盈利能力的行为，未来随着业绩承诺期的结束，被收购方的业绩很可能出现下滑，导致收购方公司的合并报表业绩大幅缩水。并且，随着业绩补偿期结束，高估值带来的巨额商誉"爆雷"风险浮现，收购方公司计提大量的商誉减值的可能性提高（张海晴等，2020），导致收购方公司的经营业绩下滑。

基于上述分析，虽然标的公司签订了业绩补偿承诺，但补偿期结束后，经营业绩很可能不具有持续性，据此本章提出假设1：

H1：与没有签订业绩补偿承诺的并购事件相比，签订业绩补偿承诺的收购方公司，其在补偿期结束后的并购绩效发生明显下滑。

为了验证上述理论预期，本书构建如下的DID模型（6.1）来检验业绩补偿承诺对并购绩效的影响：

$$Performance_{i,t}=\beta_0+\beta_1 VAM_i\times POST_t+\beta_2 VAM_i+\beta_3 POST_t \\ +\sum\beta_i Control_{i,t}+Ind+Year+\varepsilon_4 \quad (6.1)$$

其中，$Performance_{i,t}$为并购绩效，分别以总资产报酬率ROA、净资产报酬率ROE和公司价值Tobin Q来度量，VAM_i为交易双方是否签订业绩补偿承诺协议的哑变量，$POST_t$为时间变量，当处于业绩补偿承诺期的3年范围内，$POST_t$取值为0，在这里需要说明业绩补偿承诺期内的时间界定范围，考虑到大多数业绩补偿承诺期为3年，因而没有签订业绩补偿承诺的对照组并购，本书统一设置$POST_t$取值为0的年份也是并购完成日后的3年；当处于业绩补偿承诺期结束后2年，$POST_t$取值为1，对于没有签订业绩补偿承诺的对照组并购，相当于并购完成后的第4年、第5年，$POST_t$取值为1（这里$POST_t$取值为1的时期选择2年主要是考虑数据可得性，尽可能保留更多样本）。交乘项$VAM_i\times POST_t$反映了业绩补偿承诺期结束后公司并购绩效的变化，$Control_{i,t}$为控制变量，同时还控制行业和年份固定效应，ε_4为残差项。

借鉴李善民等（2019）、逯东等（2019）、王艳等（2020）的研究，控制变量选择公司规模（Size）、资产负债率（LEV）、现金及现金等价物（Cash）、股票波动率（Volatility）、固定资产比例（PPE_ratio）、产权性质（SOE）、上市公司成立时间（Age）、高管持股比例（Sharehd）、董事会规模（Board）、独立董事占比（Indepr）、交易相对规模（Relativesize）、是否关联交易（Related）、是否重大并购（Major）。

表6-1列示的是业绩补偿承诺对并购绩效影响的回归结果，列（1）的被解释变量为ROA，其交乘项VAM×POST的回归系数为-0.022，在1%水平显著为负，列（2）的被解释变量为ROE，其交乘项VAM×POST的回

归系数为-0.040,在1%水平显著为负,列(3)的被解释变量为 Tobin Q,其交乘项 VAM×POST 的回归系数为-0.102,在10%水平显著为负,都说明在业绩补偿承诺期结束后,上市公司的经营业绩和公司价值出现明显下降,并购绩效不佳。这表明业绩补偿承诺不仅可以约束标的公司的管理层努力完成业绩,对于收购方高管来讲,同样有维持高业绩的动机。在承诺期结束前,收购方同样希望标的资产可以完成业绩指标,配合标的公司进行盈余管理达到盈利预测目标,避免股价下跌(徐莉萍等,2021)。但随着业绩补偿承诺期的结束,双方的盈利预测协议到期,高管的责任大幅减轻,管理层继续进行向上盈余操纵的动机减弱,容易出现业绩明显的下滑。

列(4)至列(6)是 DID 模型的平行趋势检验,年份虚拟变量 Before3 至 Before1 是 POST 取值为 0 的之前 3 年,After1 至 After2 是 POST 取值为 1 的之后 2 年,为避免共线性,按照通常做法选择将 Before1 剔除,可以发现 POST 取值为 0 的年份虚拟变量和 VAM 的交乘项都不显著,说明实验组和控制组在业绩补偿承诺期截止之前不存在显著的差异,符合 DID 样本需满足平行趋势这一前提条件。此外,具体来看列(4)和列(5),After1 和 After2 与 VAM 的交乘项都显著为负,说明补偿期结束后的第一年和第二年,收购方公司的 ROA 和 ROE 出现了显著持续的下降,验证了业绩补偿承诺对公司的长期并购绩效造成较为严重的负面影响,并且在时间上具有一定的持续性。

表6-1 业绩补偿承诺期结束后的并购绩效

Variable	(1) ROA	(2) ROE	(3) Tobin Q	(4) ROA	(5) ROE	(6) Tobin Q
VAM×POST	-0.022***	-0.040***	-0.102*			
	(-6.92)	(-5.50)	(-1.66)			
POST	-0.004*	-0.007	-0.010			
	(-1.91)	(-1.40)	(-0.22)			
VAM	0.006***	0.014***	0.023	0.004	0.011	-0.051
	(3.25)	(3.32)	(0.53)	(1.41)	(1.62)	(-0.73)

续表

	(1)	(2)	(3)	(4)	(5)	(6)
VAM×Before3				0.002	0.002	0.121
				(0.55)	(0.25)	(1.25)
VAM×Before2				0.003	0.006	0.115
				(0.84)	(0.67)	(1.23)
VAM×After1				−0.016***	−0.022**	−0.020
				(−3.50)	(−2.09)	(−0.21)
VAM×After2				−0.025***	−0.057***	−0.036
				(−4.87)	(−4.77)	(−0.39)
Before3				0.001	0.005	−0.117*
				(0.22)	(0.76)	(−1.68)
Before2				−0.001	−0.001	−0.030
				(−0.22)	(−0.09)	(−0.42)
After1				−0.003	−0.007	−0.040
				(−0.95)	(−0.92)	(−0.53)
After2				−0.006*	−0.006	−0.071
				(−1.75)	(−0.73)	(−0.97)
Size	0.013***	0.031***	−0.353***	0.014***	0.031***	−0.352***
	(13.14)	(11.62)	(−16.07)	(13.20)	(11.69)	(−16.06)
LEV	−0.104***	−0.122***	−1.005***	−0.105***	−0.123***	−1.003***
	(−15.70)	(−6.63)	(−7.88)	(−15.74)	(−6.68)	(−7.87)
Cash	0.071***	0.122***	−0.060	0.070***	0.120***	−0.055
	(8.50)	(7.40)	(−0.31)	(8.35)	(7.18)	(−0.28)
Volatility	−0.671***	−0.621*	35.498***	−0.010	−0.022	−1.356***
	(−4.54)	(−1.82)	(11.05)	(−1.63)	(−1.46)	(−9.70)

续表

	(1)	(2)	(3)	(4)	(5)	(6)
PPE_ratio	-0.010	-0.021	-1.359***	-0.669***	-0.617*	35.639***
	(-1.64)	(-1.45)	(-9.76)	(-4.50)	(-1.80)	(11.09)
SOE	-0.002	-0.004	-0.154***	-0.002	-0.004	-0.154***
	(-1.18)	(-0.95)	(-4.01)	(-1.25)	(-1.04)	(-4.01)
Age	0.004	0.015***	-0.088*	0.004	0.015***	-0.087*
	(1.47)	(2.72)	(-1.68)	(1.50)	(2.75)	(-1.67)
$Sharehd$	0.014***	0.025***	-0.566***	0.014***	0.024***	-0.570***
	(6.63)	(5.81)	(-12.51)	(6.48)	(5.64)	(-12.52)
$Board$	0.008	0.010	0.335***	0.008	0.009	0.335***
	(1.44)	(0.78)	(3.48)	(1.44)	(0.78)	(3.47)
$Indepr$	0.017	0.014	1.308***	0.018	0.015	1.314***
	(1.06)	(0.39)	(3.88)	(1.07)	(0.42)	(3.90)
$Relativesize$	0.030***	0.048***	0.254***	0.030***	0.048***	0.255***
	(7.24)	(5.26)	(3.28)	(7.32)	(5.36)	(3.28)
$Related$	-0.004*	-0.007*	-0.187***	-0.004**	-0.008*	-0.187***
	(-1.92)	(-1.71)	(-4.95)	(-2.00)	(-1.82)	(-4.95)
$Major$	-0.010***	-0.019***	0.078*	-0.010***	-0.019***	0.079*
	(-4.84)	(-3.99)	(1.78)	(-4.81)	(-3.95)	(1.78)
$Constant$	-0.224***	-0.654***	8.102***	-0.227***	-0.664***	8.190***
	(-5.95)	(-7.30)	(11.77)	(-6.03)	(-7.42)	(11.84)
Year/Industry FEs	Yes	Yes	Yes	Yes	Yes	Yes
N	6 440	6 440	6 440	6 440	6 440	6 440
R^2_adj	0.182	0.108	0.390	0.183	0.111	0.390

注：全部使用调整异方差后的稳健标准误。*、**、***分别表示10%、5%、1%的显著性水平，括号中列示的为 t 值。

第二节 并购绩效不佳的动因分析

众所周知,关于并购活动中的盈余管理现象已经得到国内外学者的广泛认可(Erickson and Wang,1999;Gong et al.,2008;曾昭灶和李善民,2009;王珏玮等,2016;路军伟等,2019),大多数研究认为盈余管理是导致并购绩效下降的主要原因之一(Louis,2004;赵立彬和张秋生,2012;张自巧和葛伟杰,2013),这种机会主义行为显然会对公司的长远发展产生不利影响,造成公司业绩和价值下降,损害了收购方公司股东的利益。

因此,前述部分检验了业绩补偿承诺对并购绩效的影响,分析其造成补偿期结束后业绩较差的动因,很有可能是在业绩补偿期内,上市公司对合并报表进行盈余操纵,以避免合并报表的业绩大幅下滑。待补偿期结束,双方的补偿协议合同到期,继续向上盈余管理的动机减弱,容易造成并购绩效下降。不可否认,我国资本市场的信息不对称问题较为突出,拥有信息优势的大股东和管理层利用知情交易损害中小股东利益的情况屡见不鲜。近年来,业绩补偿承诺在实施过程中所引发的问题不断显现,恶意承诺、随意更改补偿协议等业绩承诺丑闻频发,严重打击了市场的投资信心,损害了中小投资者利益。业绩补偿承诺设计的初衷原本为了降低并购双方的信息不对称、促进合理估值和减少道德风险。然而,在实际应用过程中,标的企业原股东和收购方公司的大股东、管理层可能利用信息优势,高估标的资产价值,推高公司股价,形成"高估值—高承诺—高股价"的利益链条(王建伟和钱金晶,2018),但这其中的关键点是高业绩承诺背后隐藏着极大的盈余管理动机。此外,实践中业绩"精准达标"的现象频频发生,看似巧合的背后同样可能隐藏着盈余管理动机。一方面,标的公司出于规避赔偿责任,有动机调整盈余,努力达到约定的业绩条件;另一方面,收购方公司为了维持高股价和市值管理需要,在管理层面临的业绩压力和投资决策压力下,尽可能规避公司合并报表的业绩下滑,收购方管理层有动机和能力进行盈余管理。所以,双方公司都有强烈的盈余管理动机,业绩补偿承诺可能成为盈余管理新的工具,但由于标的公司大多为非上市公司，无法获得公开数据验证标的公司的盈余管理动机。因此，本章主要研究签订业绩补偿承诺的收购方公司的盈余管理动机，分析其中的主要原因如下：

第一，从业绩压力来看，收购方管理层有动机也有能力进行盈余管理。从动机来看，并购完成后，标的公司的业绩兑现情况对双方的管理层都构成压力，标的公司管理层为避免触发补偿条款，肩负着较大的业绩压力。对收购方的管理层而言，一旦标的公司没完成业绩就会导致合并报表业绩下滑，迫使其同样关注标的公司的经营状况，面临着较大的短期业绩压力。正是由于财务报告在评估公司的经营绩效、预测未来现金流量和制定薪酬合同方面的重要性，业绩压力会增加管理层短视行为和操纵报表盈余的动机（Watts and Zimmerman，1986）。此外，当面临高逆向选择成本时，企业通过增加信息披露来应对逆向选择成本（Balakrishnan et al.，2014），而财务报告发布的频率是与信息披露的性质和程度相关的重要属性（Kanodia and Sapra，2016），报告频率的增加会给管理层带来一定压力，导致管理层的短视行为（Kraft et al.，2018），诱发盈余管理（Ernstberger et al.，2017）。在业绩补偿承诺机制下，收购方公司需要在期末发布标的公司盈利预测完成情况的定期报告，这种定期披露对于收购方公司无疑形成一定压力，进行盈余管理的动机更强。

从管理层进行盈余管理的能力来看，管理层在跨期投资收益方面享有信息优势，特别是收购方在并购后能对目标公司的业务活动和财务报告施加较大影响的前提下，可以较为准确判断投资决策的长期绩效指标（Lambert，2001）。例如，为了实现规模经济或协同效应，收购方将整合目标公司的运营，并将综合运营产生的共同成本进行分配，使得收购方对目标绩效指标的计算具有更大的影响力（Datar et al.，2001）。所以，针对标的公司承诺的未来多期的业绩，收购方管理层在掌握内部信息的前提下，有能力对合并报表等财务报告进行盈余操纵。

第二，从管理层肩负的并购投资责任来看，业绩补偿承诺会影响管理层的职业生涯和声誉，增加其进行盈余管理的可能性。并购重组完成后，标的公司的业绩直接反映了管理层在管理目标公司运营方面的能力，与没有业绩补偿承诺的并购活动相比，签订业绩补偿承诺的并购活动，管理层需要额外披露目标公司的绩效，目标公司是否达到绩效目标给出了一个明确的信号，这使收购方股东更容易从客观上判断本次收购的成败，并将并购效果不佳归咎于管理层的决策失误。当标的公司经营不善，甚至资不抵债时，或者交易双方进入司法诉讼程序，与合同中的交易价格相比，实际赔偿金额可能非常小，因而收购方管理层对股东的损失负有责任。因此，一旦公司业绩较差，会严重影响到管理层的薪酬、声誉甚至职业生涯（Bliss and Rosen，2001；Brickley，2003；Harford and Li，2007；Hennes et al.，2008），即使进行财务错报等行为的违规成本较高，管理层在面临这种并购投资压力时，依然有强烈的动机进行盈余操纵（Bens et al.，2012）。

第三，为维持收购方的高股价，实现上市公司的市值管理和高管个人减持套现的需求，签订业绩补偿承诺的并购，容易加剧管理层的盈余管理行为。并购重组活动是影响公司股价的重大事件，通常会向外界传递未来发展良好的积极信号，而签订业绩补偿承诺，在短期内的市场反应显著为正，推高了收购方公司的股价。如果标的公司没有完成盈利预测目标或出现业绩下滑，未能达到预期的整合效果，势必造成投资者对标的资产质量和发展潜力的担忧，质疑上市公司管理层的并购决策和管理能力，市场看衰公司前景，导致收购方公司股价下跌。因此，为避免股价下跌，同时维持高股价也有利于公司价值增长，实现市值管理的需求，收购方管理层存在通过盈余管理粉饰财务报告的动机。另外，管理层通常选择在公司股价被高估时减持套现（谢德仁等，2016；周铭山等，2017），利用信息优势减持股票获得超额收益（Ali and Hirshleifer，2017；马云飙等，2021）。通过向上的盈余管理向外界传递出公司运营良好、业绩较高的信号，可为高管在股价高位时减持创造便利条件。

除此之外，在业绩补偿承诺协议下，对标的公司的高估值使收购方支付较高的购买溢价，产生了高额商誉。如果标的公司的业绩实现情况不好，收购方公司计提大量的商誉减值准备，支撑高商誉的"泡沫"消失后，收购方公司的利润会大幅缩水，甚至陷入财务困境。为避免当初高额的并购商誉对收购方公司业绩和股价造成潜在的负面影响，管理层有动机做出盈余管理的机会主义行为，在业绩补偿承诺期内规避商誉减值风险。

综上所述，现有文献确认了并购活动存在明显的盈余管理行为，而将业绩补偿承诺作为盈余管理新动因的文献目前尚属罕见。业绩补偿承诺协议是我国并购重组的一种新的契约形式，虽然理论上有利于缓解市场交易过程中的信息不对称（吕长江和韩慧博，2014；潘爱玲等，2017），但在实践中，管理层面临的业绩压力和投资决策压力，使其尽可能规避公司合并报表的业绩下滑，容易诱发管理层的盈余管理动机。据此，本章提出假设2：

H2：越是签订业绩补偿承诺协议的收购方公司，其并购后的向上盈余管理越多。

第三节　研究设计

一、样本选择与数据来源

本章以2008—2018年我国A股上市公司发生并购重组的事件作为研究样本，样本选取的开始时间是自2008年起。主要原因是我国证监会于2008年颁布《上市公司重大资产重组管理办法》，首次正式以法律制度形式明确规定采用业绩补偿承诺协议的情形。而业绩补偿承诺期一般为3年左右，样本时间截至2018年可以确保获得较为完整的业绩补偿承诺完成情况的数据。并购数据来源于CSMAR并购重组数据库。对并购事件进行了如下处理：①选取上市公司交易地位为买方的并购事件；②剔除债务重组和要约收购，保留资产收购、资产置换和吸收合并三种类型并购；③剔除交易失败的并购事件；④剔除交易价格、标的公司净资产账面价值等交易数据缺失的并购事件，同时删除交易价格小于100万元的并购事件；⑤剔除ST类和金融类上市公司；⑥剔除收购方公司相关数据缺失的样本；⑦同一公司在同一年内发生多次并购事件的仅保留有业绩补偿承诺的事件；⑧为避免DID模型中时间变量发生重叠，6年内不能发生两次或以上的并购事件，如果发生仅保留第一次。

是否提供业绩补偿承诺、业绩补偿承诺的方向、赔偿方式、业绩补偿年限、业绩补偿承诺的盈利预测数等数据，笔者根据上市公司在巨潮资讯网发布的并购重组报告书进行手工整理，而盈利预测的实际完成情况则根据上市公司的年报、会计师事务所发布的专项审核意见等逐年搜集。其他数据均来自 CSMAR 数据库，最终得到 6 869 个 DID 样本。为避免异常值影响，对连续变量进行上下 1% 的缩尾处理。

二、变量定义

（一）被解释变量

本章的被解释变量是盈余管理（EM），以修正琼斯模型计算出来的可操纵性应计利润来衡量盈余管理程度，具体如下：

根据修正 Jones 模型，应计利润的变化可以由营业收入的变化和固定资产比例反映出来，如模型（6.2）所示：

$$(TAC_{i,t}/TA_{i,t-1}) = \alpha_0 \frac{1}{TA_{i,t-1}} + \alpha_1 \frac{\Delta SALES_{i,t}}{TA_{i,t-1}} + \alpha_2 \frac{PPE_{i,t}}{TA_{i,t-1}} + \varepsilon_{i,t} \quad (6.2)$$

其中，$TAC_{i,t}$ 是公司 i 在 t 期的总应计利润，$TA_{i,t-1}$ 是公司 i 在 $t-1$ 期时的资产总额，$\Delta SALES_{i,t}$ 是公司 i 相对于上一期的营业收入的变动，$PPE_{i,t}$ 是公司 i 在 t 期的固定资产总额，$\varepsilon_{i,t}$ 为残差项。

接下来，针对上述模型（6.2）进行分年度分行业的回归，利用得到的回归系数代入模型（6.3）中，即可计算出非可操纵性应计利润 NDTAC：

$$NDTAC_{i,t} = \beta_0 \frac{1}{TA_{i,t-1}} + \beta_1 \frac{\Delta SALES_{i,t} - \Delta AR_{i,t}}{TA_{i,t-1}} + \beta_2 \frac{PPE_{i,t}}{TA_{i,t-1}} \quad (6.3)$$

其中，$\Delta AR_{i,t}$ 代表公司 i 相对于上一期的应收账款的变动，其他变量同上。

最后，将总应计利润减去非可操纵性应计利润 NDTAC，即为可操纵性应计利润（EM），如模型（6.4）所示：

$$EM_{i,t} = \left(\frac{TAC_{i,t}}{TA_{i,t-1}}\right) - NDTAC_{i,t} \quad (6.4)$$

其中，EM 为上市公司的盈余管理程度，而 EM 的符号反映了盈余管理的方向，符号为正说明公司进行向上的盈余管理，而数值越大，说明公司进行向上的盈余管理的程度越高，反之亦然。

（二）解释变量

业绩补偿承诺（*VAM*）是本章的核心解释变量，如果交易双方在并购报告书中签订了业绩补偿承诺协议，则 *VAM* 取值为 1，否则为 0。

（三）控制变量

参考 Badertscher（2011）、叶康涛和刘行（2011）、孙健等（2016）国内外学者的研究，选择以下控制变量：公司规模（*Size*）、资产负债率（*LEV*）、市值账面比（*MB*）、净资产报酬率（*ROE*）、经营性现金流量净额（*Cflow*）、是否"四大"（*Big4*）、上市公司成立时间（*Age*）、产权性质（*SOE*）、董事长和总经理是否两职合一（*Dual*）、独立董事占比（*Indepr*）、董事会规模（*Board*）、并购支付方式（*Paytype*）、是否关联交易（*Related*）、交易相对规模（*Relativesize*）、是否重大并购（*Major*）。表 6-2 列示的是上述主要变量的定义情况。

表 6-2　变量定义表

	变量名称	定义	变量说明
被解释变量	*EM*	盈余管理	以修正 Jones 模型计算的可操纵性应计利润
解释变量	*VAM*	业绩补偿承诺协议	如果并购交易双方签订了业绩补偿承诺协议，则 *VAM* 取值为 1，否则为 0
控制变量	*Size*	公司规模	总资产的自然对数
	LEV	资产负债率	负债/总资产
	MB	市值账面比	市值除以账面价值，该比值加 1 后取自然对数
	ROE	净资产报酬率	净利润/所有者权益
	Cflow	经营性现金流量净额	经营性现金流量净额/上一年总资产
	Big4	是否"四大"	如果上市公司聘请的会计师事务所属于"四大"事务所，则 *Big4* 取值为 1，否则为 0
	Age	成立时间	上市公司成立时间的自然对数
	SOE	产权性质	如果属于国有企业，*SOE* 取值为 1，否则为 0

续表

变量名称		定义	变量说明
控制变量	Dual	两职合一	如果董事长和总经理为同一人，则 Dual 取值为 1，否则为 0
	Indepr	独立董事占比	独立董事人数/董事会人数
	Board	董事会规模	董事会人数的自然对数
	Paytype	并购支付方式	如果并购交易采用包含股份（股份+现金或者单独股份）的支付方式，则 Paytype 取值为 1，如果只采用单独现金的支付方式，则 Paytype 取值为 2，如果采用其他支付方式（资产支付等其他方式），则 Paytype 取值为 0
	Related	是否关联交易	如果交易事件属于关联交易，则 Related 取值为 1，否则为 0
	Relativesize	交易相对规模	交易价格除以上一年收购方公司总资产的账面价值
	Major	是否重大并购	如果交易事件构成重大资产重组，则 Major 取值为 1，否则为 0

三、模型设计

为了验证研究假设，本书构建如下的 DID 模型（6.5）来检验业绩补偿承诺对上市公司盈余管理的影响：

$$EM_{i,t}=\beta_0+\beta_1 VAM_i\times POST_t+\beta_2 VAM_i+\beta_3 POST_t+\sum\beta_i Control_{i,t}+Ind+Year+\varepsilon_5 \quad (6.5)$$

其中，$EM_{i,t}$ 为上市公司的盈余管理程度，VAM_i 为交易双方是否签订业绩补偿承诺协议的哑变量，$POST_t$ 为时间变量，业绩补偿承诺期在 3 年以及 3 年以内，$POST_t$ 就以业绩补偿承诺期的实际年份数推算，在极个别的样本中业绩补偿承诺期超过 3 年时，$POST_t$ 只取到第 3 年为止。具体而言，当处于并购完成公告日之前的年份时，$POST_t$ 取值为 0，当处于并购完成公告日之后的业绩补偿承诺期时，$POST_t$ 取值为 1。例如，若业绩补偿承诺期为 1 年，则 $POST_t$ 取值为 0 的年份和取值为 1 的年份都是 1 年（即前后各 1 年）；若业绩补偿承诺期为 2 年，则 $POST_t$ 取值为 0 的年份和取值为1的年份都是2年（即前后各2年）；若业绩补偿承诺期为3年及3年以上，则$POST_t$取值为0的年份和取值为1的年份都是3年（即前后各3年）。考虑到大多数业绩补偿承诺期为3年，因而对于没有签订业绩补偿承诺的对照组并购，本书统一设置$POST_t$取值为0的年份和取值为1的年份都是3年。交乘项$VAM_i \times POST_t$反映了业绩补偿承诺对上市公司盈余管理影响的净效应，$Control_{i,t}$为控制变量，同时还控制了行业和年份固定效应，ε_5为残差项。

第四节 实证检验与回归结果分析

一、描述性统计与相关性分析

表6-3列示的是主要变量的描述性统计，被解释变量盈余管理EM的均值为0.018，中位数为0.013，平均而言，上市公司存在明显的向上应计盈余管理行为，最小值和最大值分别为-0.255和0.386差异明显，不同的上市公司进行盈余管理的程度和方向差异较大。主要解释变量VAM的均值为0.596，样本内签订了业绩补偿承诺的公司仍占多数。

控制变量方面，Size和LEV的均值分别为22.103和0.435，最大值和最小值差距较大，不同上市公司的规模和资产负债率迥异；MB和ROE的均值分别为1.204和0.067，说明相对而言上市公司的市场价值较高、盈利能力良好；Cflow的均值为0.056，说明上市公司的经营性现金流量净额较为良好；Big4的均值为0.041，说明上市公司委托的审计机构为"四大"的比例较低，仅占4.1%；Age的均值为8.662，上市公司的平均成立时间较早；SOE的均值为0.360，说明样本内的国有企业占比较低，平均约为36%；Dual的均值为0.274，上市公司的董事长和总经理两职合一的比例为27.4%，比例较低；Indepr的均值为0.374，独立董事的占比约为37.4%，在董事会中占据相当的比重；Board的均值为2.128，董事会的规模相对较大；Paytype的均值为1.453，中位数为1，说明并购支付方式大多为包含股份支付方式；Related的均值为0.549，说明关联交易占比约为54.9%，平均一半以上的并购为关联交易；Relativesize的均值为0.218，交易金额占上市公司的总资产的比例为21.8%,说明交易规模相对较大;Major的均值为0.428,重大资产重组的占比约为42.8%。

表6-3 主要变量的全样本描述性统计

Variable	N	Mean	Median	SD	Min	Max
EM	6 869	0.018	0.013	0.093	-0.255	0.386
VAM	6 869	0.596	1.000	0.491	0.000	1.000
Size	6 869	22.103	21.932	1.220	19.666	25.768
LEV	6 869	0.435	0.428	0.204	0.052	0.925
MB	6 869	1.204	1.124	0.404	0.635	2.535
ROE	6 869	0.067	0.069	0.109	-0.515	0.364
Cflow	6 869	0.056	0.052	0.094	-0.244	0.424
Big4	6 869	0.041	0.000	0.198	0.000	1.000
Age	6 869	8.662	8.708	0.364	7.407	9.334
SOE	6 869	0.360	0.000	0.480	0.000	1.000
Dual	6 869	0.274	0.000	0.446	0.000	1.000
Indepr	6 869	0.374	0.333	0.053	0.333	0.571
Board	6 869	2.128	2.197	0.190	1.609	2.565
Paytype	6 869	1.453	1.000	0.583	0.000	2.000
Related	6 869	0.549	1.000	0.498	0.000	1.000
Relativesize	6 869	0.218	0.120	0.305	0.001	1.928
Major	6 869	0.428	0.000	0.495	0.000	1.000

以是否签订业绩补偿承诺为分组依据,表6-4列示的是单变量的均值差异检验。提供业绩补偿承诺分组EM的均值为0.020,没有提供业绩补偿承诺分组EM的均值为0.014,两组均值在1%水平存在显著差异,业绩补偿承诺的背后隐藏着显著向上的盈余管理动机。从其他控制变量的均值

差异检验来看，相对于没有签订业绩补偿承诺的分组样本，签订业绩补偿承诺的收购方公司的公司规模更小，资产负债率更低，市值账面比更大，聘用的审计机构为"四大"的可能性较低，非国有企业的占比更高，独立董事占比更低，越倾向采用包含股份支付方式，交易相对规模更大，更有可能是关联交易和重大资产重组。

表6-4 均值差异检验表

	（1）	（2）	（3）
	VAM==1	VAM==0	Diff
EM	0.020	0.014	0.006***
Size	21.955	22.322	-0.367***
LEV	0.419	0.458	-0.039***
MB	1.255	1.128	0.127***
ROE	0.066	0.068	-0.002
Cflow	0.056	0.055	0.001
Big4	0.033	0.052	-0.019***
Age	8.663	8.659	0.004
SOE	0.319	0.421	-0.102***
Dual	0.277	0.269	0.008
Indepr	0.372	0.376	-0.004***
Board	2.127	2.129	-0.002
Paytype	1.204	1.820	-0.616***
Related	0.639	0.418	0.220***
Relativesize	0.316	0.073	0.242***
Major	0.628	0.133	0.495***

表6-5列示的是主要变量的相关性分析表，左下三角是Pearson相关系数，右上三角是Spearman相关系数。从Pearson相关系数来看，VAM和

EM 的相关系数为 0.033，在 1%水平显著正相关，初步验证签订业绩补偿承诺的上市公司，其正向盈余管理的程度更大，但仍需要结合多元回归分析来证明前述假设。同时各变量之间的方差膨胀因子（VIF）平均为 1.81，小于 10，说明不存在严重的多重共线性。同理，右上三角是 Spearman 相关系数，VAM 和 EM 的相关系数在 1%水平正相关，表明签订业绩补偿承诺的上市公司，其正向盈余管理的程度更大。

表 6-5　相关性分析表

Variable		[1]	[2]	[3]	[4]	[5]	[6]
[1]	EM		0.041***	0.014	-0.089***	0.070***	0.178***
[2]	VAM	0.033***		-0.124***	-0.102***	0.161***	-0.011
[3]	Size	0.013	-0.148***		0.473***	-0.592***	0.147***
[4]	LEV	-0.067***	-0.094***	0.458***		-0.429***	-0.002
[5]	MB	0.060***	0.154***	-0.557***	-0.367***		0.160***
[6]	ROE	0.244***	-0.009	0.104***	-0.092***	0.110***	
[7]	Cflow	-0.569***	0.003	0.050***	-0.122***	0.099***	0.262***
[8]	Big4	-0.032***	-0.047***	0.285***	0.102***	-0.137***	0.034***
[9]	Age	-0.018	0.005	0.212***	0.181***	-0.101***	-0.001
[10]	SOE	-0.045***	-0.104***	0.352***	0.327***	-0.277***	-0.041***
[11]	Dual	0.009	0.009	-0.144***	-0.112***	0.116***	0.002
[12]	Indepr	0.001	-0.038***	-0.032***	-0.012	0.074***	-0.037***
[13]	Board	0.000	-0.005	0.265***	0.124***	-0.184***	0.047***
[14]	Paytype	-0.026**	-0.519***	0.004	-0.038***	-0.039***	0.042***
[15]	Related	-0.010	0.217***	0.190***	0.201***	-0.132***	-0.015
[16]	Relativesize	0.038***	0.390***	-0.213***	-0.111***	0.269***	0.026**
[17]	Major	0.010	0.491***	-0.063***	0.043***	0.095***	-0.034***

续表

Variable		[7]	[8]	[9]	[10]	[11]	[12]
[1]	EM	-0.585***	-0.042***	-0.033***	-0.054***	0.013	-0.015
[2]	VAM	-0.025**	-0.047***	-0.002	-0.104***	0.009	-0.042***
[3]	Size	0.055***	0.232***	0.237***	0.330***	-0.146***	-0.055***
[4]	LEV	-0.125***	0.104***	0.179***	0.324***	-0.112***	-0.010
[5]	MB	0.092***	-0.157***	-0.158***	-0.316***	0.133***	0.065***
[6]	ROE	0.341***	0.055***	0.005	-0.030**	-0.022*	-0.033***
[7]	Cflow		0.060***	-0.010	-0.018	-0.007	-0.024**
[8]	Big4	0.046***		0.045***	0.154***	-0.064***	0.013
[9]	Age	0.003	0.044***		0.197***	-0.096***	0.023*
[10]	SOE	-0.024**	0.154***	0.203***		-0.269***	-0.067***
[11]	Dual	-0.001	-0.064***	-0.104***	-0.269***		0.084***
[12]	Indepr	-0.028**	0.011	0.007	-0.065***	0.083***	
[13]	Board	0.045***	0.061***	0.017	0.249***	-0.131***	-0.546***
[14]	Paytype	-0.019	0.009	-0.040***	-0.105***	0.075***	0.026**
[15]	Related	0.039***	0.054***	0.163***	0.296***	-0.168***	-0.052***
[16]	Relativesize	0.097***	-0.031**	0.038***	-0.072***	-0.007	-0.005
[17]	Major	0.025**	-0.023*	0.071***	0.086***	-0.089***	-0.036***

Variable		[13]	[14]	[15]	[16]	[17]	
[1]	EM	-0.001	-0.025**	-0.029**	0.010	0.002	
[2]	VAM	0.002	-0.553***	0.217***	0.616***	0.491***	
[3]	Size	0.242***	-0.007	0.190***	-0.224***	-0.048***	
[4]	LEV	0.126***	-0.014	0.198***	-0.156***	0.033***	
[5]	MB	-0.187***	-0.026**	-0.171***	0.237***	0.080***	
[6]	ROE	0.055***	0.043***	-0.021*	-0.034***	-0.021*	

续表

Variable		[13]	[14]	[15]	[16]	[17]
[7]	Cflow	0.051***	0.018	0.025**	0.023*	-0.005
[8]	Big4	0.054***	0.016	0.054***	-0.054***	-0.023*
[9]	Age	0.005	-0.030**	0.157***	0.033***	0.065***
[10]	SOE	0.248***	-0.102***	0.296***	-0.050***	0.086***
[11]	Dual	-0.145***	0.077***	-0.168***	-0.039***	-0.089***
[12]	Indepr	-0.578***	0.039***	-0.058***	-0.009	-0.032***
[13]	Board		-0.051***	0.109***	-0.039***	0.011
[14]	Paytype	-0.042***		-0.446***	-0.691***	-0.654***
[15]	Related	0.106***	-0.438***		0.393***	0.442***
[16]	Relativesize	-0.067***	-0.554***	0.327***		0.741***
[17]	Major	0.010	-0.631***	0.442***	0.556***	

注：左下三角是 Pearson 相关系数，右上三角是 Spearman 相关系数，*、**、*** 分别表示 10%、5%、1%的显著性水平。

二、假设检验

表6-6列示的是业绩补偿承诺对盈余管理的回归结果。列（1）是业绩补偿承诺与盈余管理的 DID 模型的回归结果，VAM×POST 的回归系数为0.016，在1%水平显著为正，说明签订业绩补偿承诺的收购方公司，其在业绩补偿承诺期内进行向上的盈余管理。列（2）是平行趋势检验，年份虚拟变量 Before3 至 Before1 是 POST 取值为0的之前3年，After1 至 After3 是 POST 取值为1的之后3年，为避免共线性，将 Before1 剔除，可以发现 POST 取值为0的年份虚拟变量和 VAM 的交乘项都不显著，说明实验组和控制组在并购完成日之前不存在显著差异，符合平行趋势的前提条件。此外，After1、After2 与 VAM 的交乘项系数都在1%水平显著为正，说明在补偿期的第1年和第2年时，上市公司的盈余管理程度更高，在并购完成后就开始盈余操纵，而第3年不显著的结果也不

排除因为继续盈余操纵的空间较小、难度较大导致，为最终业绩承诺期结束后的业绩反转埋下伏笔。总之，收购方公司的机会主义动机较为明显。

本部分结果表明，交易双方签订的业绩补偿承诺导致收购方公司进行显著向上的盈余管理。由于标的公司通常纳入合并报表范围，一方面说明合并后的公司财务业绩可能存在"水分"，收购方公司的管理层进行盈余管理的机会主义行为，辜负了股东的信任，损害了中小投资者的利益；另一方面说明这种盈余管理的行为极有可能是配合管理层谋取私利的行动，经过正向盈余管理后实现的业绩有助于管理层进行市值管理，维持收购方公司的高股价，便于管理层减持套利。

表 6-6 是否签订业绩补偿承诺与盈余管理

Variable	(1) EM	(2) EM
VAM×POST	0.016***	
	(5.23)	
POST	0.004*	
	(1.67)	
VAM	−0.010***	−0.009**
	(−3.69)	(−2.35)
VAM×Before3		−0.002
		(−0.39)
VAM×Before2		0.000
		(0.08)
VAM×After1		0.028***
		(5.15)
VAM×After2		0.015***
		(3.31)

续表

	(1)	(2)
VAM×After3		0.003
		(0.68)
Before3		-0.001
		(-0.25)
Before2		-0.001
		(-0.32)
After1		0.002
		(0.56)
After2		-0.001
		(-0.26)
After3		0.004
		(1.16)
Size	0.012***	0.013***
	(10.76)	(11.01)
LEV	-0.067***	-0.068***
	(-9.31)	(-9.53)
MB	0.019***	0.018***
	(5.05)	(4.82)
ROE	0.322***	0.322***
	(22.67)	(22.83)
Cflow	-0.696***	-0.703***
	(-38.87)	(-40.34)
Big4	-0.011***	-0.012***
	(-2.86)	(-3.02)

续表

	(1)	(2)
Age	0.003	0.003
	(1.19)	(1.31)
SOE	-0.007***	-0.007***
	(-3.36)	(-3.55)
Dual	0.000	0.000
	(0.19)	(0.19)
Indepr	0.003	0.003
	(0.15)	(0.14)
Board	0.008	0.009
	(1.47)	(1.57)
Paytype	-0.002	-0.002
	(-0.85)	(-0.76)
Related	0.003*	0.003
	(1.84)	(1.62)
Relativesize	0.024***	0.025***
	(4.46)	(4.62)
Major	-0.002	-0.002
	(-0.80)	(-0.71)
Constant	-0.276***	-0.283***
	(-7.06)	(-7.29)
Year/Industry FEs	Yes	Yes
N	6 869	6 869
R^2_adj	0.551	0.554

注：全部使用调整异方差后的稳健标准误。*、**、*** 分别表示10%、5%、1%的显著性水平，括号中列示的为 *t* 值。

前述部分发现，相对于没有签订业绩补偿承诺而言，签订业绩补偿承诺的收购方公司有更强的盈余管理动机，接下来聚焦于提供业绩补偿承诺的样本展开讨论。在业绩补偿承诺期内，资本市场最为关心的是标的公司的盈利预测完成情况。本章通过标的公司是否完成盈利预测（Meetdummy）和盈利预测的完成比例（Meetratio）两个变量度量完成情况。具体而言：①设置一个哑变量，即业绩补偿承诺期内，当标的公司完成交易双方约定的盈利预测目标时，Meetdummy 取值为 1，当标的公司没有完成交易双方约定的盈利预测目标时，Meetdummy 取值为 0；②以补偿期内的盈利预测实际完成数除以盈利预测数衡量盈利预测的完成比例 Meetratio，Meetratio 越高，说明标的公司盈利预测的完成情况越理想。在 DID 模型中，Meetdummy、Meetratio 和 POST 的交乘项与各自的单独项完全重合，因此 Meetdummy 和 Meetratio 的单独项回归系数被交乘项吸收。

表 6-7 的列（1）是标的公司是否完成盈利预测（Meetdummy）和盈余管理的回归结果，Meetdummy 和 POST 的交乘项系数为 0.011，在 1%水平显著为正，说明标的公司完成盈利预测和收购方公司的盈余管理水平正相关；列（2）是标的公司盈利预测的完成比例（Meetratio）和盈余管理的回归结果，Meetratio 和 POST 的交乘项系数为 0.010，在 1%水平显著为正，说明标的公司的盈利预测完成比例越高，上市公司盈余管理的程度越大。总体而言，标的公司的盈利预测完成情况越理想、完成的比例越高，这都和收购方公司对合并报表进行向上的盈余管理正相关，反映出标的公司承诺的业绩，在实现过程中会诱发收购方公司对合并报表进行盈余管理的机会主义行为。

与前述章节一致，本书继续探讨业绩补偿承诺协议的具体条款是否会对盈余管理产生差异影响，分别从业绩补偿承诺是否存在双向模式、业绩考核的时间模式以及违约赔偿方式三个方面进行检验，变量定义分别为：是否存在双向业绩补偿（Direction）、是否逐年补偿方式（Annual）以及是否股份补偿方式（Stocktype）。

表 6-7 的列（3）至列（5）列示的是业绩补偿承诺的具体条款对盈余管理影响的回归结果，可以看出，是否存在双向业绩补偿 Direction、是否股份补偿方式 Stocktype 与盈余管理的回归系数均不显著，而是否逐年补偿方式 Annual 与 POST 的交乘项系数显著为正。这里可能的解释是：逐年

补偿方式下,需要对标的公司每年的盈利预测都进行考核,比累计一次性补偿方式的实现难度更大,需要上市公司"帮助"的概率更大,与收购方公司盈余管理的正相关关系更明显。

表 6-7 业绩补偿承诺的盈利预测完成情况、具体条款与盈余管理

Variable	(1) EM	(2) EM	(3) EM	(4) EM	(5) EM
Meetdummy×POST	0.011*** (4.05)				
Meetratio×POST		0.010*** (2.83)			
Direction×POST			−0.004 (−0.95)		
Direction			0.002 (0.61)		
Annual×POST				0.009* (1.92)	
Annual				−0.008** (−2.33)	
Stocktype×POST					0.008 (1.61)
Stocktype					−0.002 (−0.38)
POST	0.012*** (3.41)	0.010** (2.01)	0.021*** (5.84)	0.013*** (2.80)	0.015*** (3.37)
Size	0.015*** (8.87)	0.015*** (8.77)	0.015*** (8.80)	0.015*** (8.83)	0.015*** (8.75)

续表

	(1)	(2)	(3)	(4)	(5)
LEV	-0.067***	-0.066***	-0.066***	-0.066***	-0.065***
	(-6.97)	(-6.91)	(-6.91)	(-6.88)	(-6.76)
MB	0.022***	0.022***	0.022***	0.022***	0.022***
	(4.21)	(4.21)	(4.28)	(4.29)	(4.29)
ROE	0.318***	0.317***	0.322***	0.322***	0.322***
	(16.69)	(16.58)	(16.84)	(16.98)	(16.88)
Cflow	-0.665***	-0.665***	-0.664***	-0.664***	-0.664***
	(-28.67)	(-28.69)	(-28.61)	(-28.61)	(-28.62)
Big4	-0.010	-0.011*	-0.010*	-0.010	-0.010
	(-1.64)	(-1.73)	(-1.67)	(-1.63)	(-1.64)
Age	0.004	0.005	0.005	0.005	0.005
	(1.38)	(1.50)	(1.51)	(1.57)	(1.51)
SOE	-0.010***	-0.010***	-0.009***	-0.009***	-0.009***
	(-3.17)	(-3.16)	(-3.01)	(-3.00)	(-2.96)
Dual	-0.001	-0.001	-0.001	-0.001	-0.000
	(-0.34)	(-0.26)	(-0.21)	(-0.20)	(-0.19)
Indepr	0.012	0.012	0.011	0.013	0.012
	(0.47)	(0.49)	(0.43)	(0.50)	(0.46)
Board	0.018**	0.018**	0.018**	0.018**	0.017**
	(2.27)	(2.27)	(2.24)	(2.27)	(2.21)
Paytype	0.000	0.000	-0.001	-0.001	0.001
	(0.04)	(0.03)	(-0.28)	(-0.33)	(0.28)
Related	0.005**	0.005**	0.005**	0.005**	0.005**
	(2.02)	(2.01)	(2.15)	(2.16)	(2.14)

续表

	(1)	(2)	(3)	(4)	(5)
$Relativesize$	0.023***	0.024***	0.023***	0.024***	0.023***
	(4.18)	(4.24)	(4.08)	(4.19)	(4.16)
$Major$	0.000	0.000	0.001	0.001	0.001
	(0.20)	(0.08)	(0.41)	(0.38)	(0.30)
Constant	-0.430***	-0.429***	-0.434***	-0.427***	-0.434***
	(-6.68)	(-6.67)	(-6.73)	(-6.64)	(-6.68)
Year/Industry FEs	Yes	Yes	Yes	Yes	Yes
N	4 092	4 092	4 092	4 092	4 092
R^2_adj	0.524	0.523	0.522	0.522	0.522

注：全部使用调整异方差后的稳健标准误。*、**、***分别表示10%、5%、1%的显著性水平，括号中列示的为 t 值。

三、稳健性检验

（一）变量替换

借鉴 Kothari 等（2005）、黄梅和夏新平（2009）的做法，在经典 Jones 模型的基础上，考虑当期的 ROA 变量，以收益匹配 Jones 模型重新测算应计盈余管理程度，用 EM_Adj 来表示。表6-8列示了替换被解释变量后的回归结果，VAM 和 $POST$ 的交乘项系数为0.006，在5%水平显著为正，说明签订业绩补偿承诺的收购方公司，其进行向上的应计盈余管理程度更大，研究结论依然成立。

表6-8 是否签订业绩补偿承诺与盈余管理：更换被解释变量

	(1)
Variable	EM_Adj

续表

	(1)
VAM×POST	0.006**
	(2.41)
POST	0.003
	(1.64)
VAM	-0.004*
	(-1.88)
Size	0.009***
	(8.99)
LEV	-0.077***
	(-12.46)
MB	0.027***
	(8.48)
ROE	0.321***
	(21.98)
Cflow	-0.780***
	(-48.01)
Big4	-0.005*
	(-1.75)
Age	0.001
	(0.29)
SOE	-0.002
	(-1.34)
Dual	-0.000
	(-0.29)

续表

	(1)
Indepr	0.001
	(0.07)
Board	0.005
	(0.98)
Paytype	-0.001
	(-0.69)
Related	-0.001
	(-0.99)
Relativesize	0.022***
	(4.16)
Major	-0.003
	(-1.48)
Constant	-0.166***
	(-5.64)
Year/Industry FEs	Yes
N	6 869
$R^2\_$adj	0.667

注：全部使用调整异方差后的稳健标准误。*、**、*** 分别表示10%、5%、1%的显著性水平，括号中列示的为 t 值。

(二) 内生性问题

1. PSM+DID 样本回归

为缓解样本选择偏误导致的内生性问题，本书通过构建 PSM+DID 样本进行回归，借鉴杨超等（2018）、潘爱玲等（2021）的研究，以公司规模（Size）、资产负债率（LEV）、资产报酬率（ROA）、董事长和总经理是否两职合一

(*Dual*)、是否授予高管股权激励（*Incentive*）为配对变量，按照 1 比 1 有放回的最邻近倾向得分匹配方法，得到 620 个实验组并购事件和 401 个控制组并购事件，然后转化为 4 549 个 DID 样本展开分析。

表 6-9 列示的是 PSM 样本的平衡性检验，可以看出，大部分的配对变量在匹配前存在显著差异，而在匹配后所有的变量都不存在显著差异，说明构造的 PSM 样本满足了平衡性要求。

表 6-9　PSM 匹配前后样本比较

	匹配前			匹配后		
	Treat	Control	T-Test	Treat	Control	T-Test
Size	22.215	21.988	3.77***	22.204	22.252	-0.70
LEV	0.440	0.405	3.52***	0.440	0.439	0.10
ROA	0.042	0.047	-2.22**	0.042	0.042	-0.00
Dual	0.301	0.306	-0.20	0.300	0.297	0.12
Incentive	0.221	0.267	-2.06**	0.219	0.247	-1.14

表 6-10 列示的是 PSM+DID 样本下，业绩补偿承诺与盈余管理关系的回归结果，从整体来看，列（1）*VAM×POST* 的回归系数为 0.015，在 1% 水平显著为正，同样验证了签订业绩补偿承诺的收购方公司，其向上盈余管理程度更高。列（2）是 DID 模型的平行趋势检验，将 *POST* 时期重新设置年份虚拟变量，*Before*3 至 *Before*1 是 *POST* 取值为 0 的之前 3 年，*After*1 至 *After*3 是 *POST* 取值为 1 的之后 3 年，为避免共线性将 *Before*1 剔除，可以发现 *POST* 取值为 0 的年份虚拟变量和 *VAM* 的交乘项都不显著，说明实验组和控制组在并购完成日之前不存在显著的差异，符合 DID 回归的平行趋势这一前提条件。从整体来看，在考虑样本选择偏误后，以 PSM+DID 的样本重新进行回归，本章的研究结论依然成立。

表 6-10　业绩补偿承诺与盈余管理：PSM+DID 样本

	(1)	(2)
Variable	*EM*	*EM*

续表

	（1）	（2）
VAM×POST	0.015***	
	(3.86)	
POST	0.002	
	(1.06)	
VAM	-0.009**	-0.003
	(-2.53)	(-0.68)
VAM×Before3		-0.010
		(-1.42)
VAM×Before2		-0.007
		(-0.95)
VAM×After1		0.023***
		(3.17)
VAM×After2		0.011*
		(1.91)
VAM×After3		-0.003
		(-0.56)
Before3		0.000
		(0.10)
Before2		-0.000
		(-0.10)
After1		0.003
		(0.70)
After2		-0.001
		(-0.27)

续表

	(1)	(2)
After3		0.003
		(0.97)
Size	0.012***	0.012***
	(9.09)	(9.18)
LEV	-0.079***	-0.080***
	(-9.05)	(-9.20)
MB	0.012***	0.011***
	(2.99)	(2.81)
ROE	0.327***	0.328***
	(20.40)	(20.52)
Cflow	-0.710***	-0.716***
	(-32.69)	(-33.85)
Big4	-0.010**	-0.011**
	(-2.28)	(-2.42)
Age	0.002	0.002
	(0.60)	(0.66)
SOE	-0.006**	-0.006**
	(-2.38)	(-2.49)
Dual	0.003	0.002
	(1.16)	(1.14)
Indepr	0.008	0.008
	(0.31)	(0.31)
Board	0.006	0.007
	(0.96)	(1.02)

续表

	（1）	（2）
Paytype	-0.005*	-0.005*
	(-1.80)	(-1.73)
Related	0.001	0.001
	(0.61)	(0.51)
Relativesize	0.025***	0.026***
	(3.37)	(3.49)
Major	-0.004	-0.004
	(-1.32)	(-1.30)
Constant	-0.250***	-0.255***
	(-5.32)	(-5.47)
Year/Industry FEs	Yes	Yes
N	4 549	4 549
R^2_adj	0.564	0.566

注：全部使用调整异方差后的稳健标准误。*、**、*** 分别表示 10%、5%、1% 的显著性水平，括号中列示的为 t 值。

2. 熵平衡匹配法

为缓解签订业绩补偿承诺和没有签订业绩补偿承诺的并购交易之间的样本差异导致的潜在偏误问题，利用熵平衡方法构建了一个基于可观测特征变量的匹配样本。借鉴 Hainmueller（2012）的做法，熵平衡匹配法对控制组进行加权平衡条件处理，以便于找到实验组和控制组之间矩阵的单位权重，进而转化为更低的近似误差，使两组之间的协变量分布趋于一致。熵平衡法最大的特点在于不会损失样本数量，减少有限样本对模型的依赖，提高检验水平。

表 6-11 列示的是一阶矩条件下的配对协变量分布，和 PSM 的配对变量保持一致。可以看出，所有的配对变量在匹配后，使得实验组和控制组的一阶矩条件基本相同，说明其较好地平衡匹配了提供业绩补偿承诺和没

有提供业绩补偿承诺的两类样本。

表 6-11 熵平衡匹配的平衡性分布

Before：	Treat	Control
	Mean	Mean
Size	21.960	22.320
LEV	0.419	0.458
ROA	0.040	0.039
Dual	0.277	0.269
Incentive	0.247	0.186
After：	Treat	Control
	Mean	Mean
Size	21.960	21.960
LEV	0.419	0.419
ROA	0.040	0.040
Dual	0.277	0.277
Incentive	0.247	0.247

表 6-12 是熵平衡匹配样本下，业绩补偿承诺与盈余管理关系的回归结果。列（1）*VAM* 和 *POST* 交乘项的回归系数为 0.015，在 1% 水平显著为正，说明签订业绩补偿承诺的收购方公司，其进行向上的应计盈余管理程度更高。在考虑两类样本选择差异导致的潜在偏误问题后，本章的结论依然稳健。

表 6-12 业绩补偿承诺与盈余管理：熵平衡匹配样本

Variable	(1)
	EM
VAM×*POST*	0.015***
	(4.83)

续表

	(1)
POST	0.003
	(1.21)
VAM	-0.009***
	(-3.24)
Size	0.013***
	(10.96)
LEV	-0.067***
	(-9.33)
MB	0.018***
	(5.14)
ROE	0.335***
	(23.32)
Cflow	-0.701***
	(-39.90)
Big4	-0.011***
	(-2.73)
Age	0.002
	(0.75)
SOE	-0.007***
	(-3.52)
Dual	0.001
	(0.72)
Indepr	0.006
	(0.29)

续表

	(1)
Board	0.008
	(1.34)
Paytype	−0.002
	(−0.84)
Related	0.003
	(1.47)
Relativesize	0.024***
	(4.26)
Major	−0.003
	(−1.21)
Constant	−0.283***
	(−6.84)
Year/Industry FEs	Yes
N	6 869
R^2	0.559

注：*、**、***分别表示10%、5%、1%的显著性水平，括号中列示的为 t 值。

第五节　本章小结

本章以 2008—2018 年我国 A 股上市公司发生并购重组的事件作为研究样本，研究业绩补偿承诺对并购绩效的影响。实证研究发现，补偿期刚结束，收购方公司的经营业绩和公司价值就出现明显下降，说明为了实现业绩补偿承诺，收购方公司和被收购方公司都有动机维持一个较高的业绩，但是一旦度过补偿期，业绩立即下降，机会主义特征明显。

进一步分析造成业绩不佳的动因，在业绩补偿承诺期内，相对于没有签订业绩补偿承诺的并购，签订业绩补偿承诺的收购方公司，其并购后的向上盈余管理更多。显而易见，签订业绩补偿承诺的并购活动中，为了维持高股价和市值管理需要，加之面临的业绩压力和投资决策压力，在掌握更多内部信息的前提下，收购方公司的管理层有动机也有能力在并购重组后进行盈余管理，尽可能规避公司合并报表的业绩下滑，以塑造其英明决策的市场形象，避免因决策错误遭受来自股东的压力与惩罚。这证实了我国业绩补偿承诺成为上市公司进行盈余管理的新诱因。

进一步讨论签订业绩补偿承诺的并购事件可以看出，通过标的公司是否完成盈利预测和盈利预测的完成比例度量盈利预测的完成情况，发现标的公司的盈利预测完成情况越理想、完成的比例越高，这都和收购方公司对合并报表进行向上盈余管理正相关，反映出标的公司在业绩实现过程中，会诱发收购方公司的管理层对合并报表进行盈余管理，避免公司业绩下滑，双方有共同维持较高业绩的动机。此外，逐年补偿方式需要对标的公司每年的盈利预测进行考核，比累计一次性补偿方式的实现难度更大，与收购方公司盈余管理的正相关关系更明显，而是否存在双向业绩补偿、是否股份补偿方式与盈余管理关系均不显著。在稳健性检验部分，替换盈余管理的变量定义，以收益匹配 Jones 模型重新测算应计盈余管理程度，本章的研究结论依然成立。以 PSM+DID 样本和熵平衡匹配法缓解可能存在的内生性问题后，发现签订业绩补偿承诺后，收购方公司存在显著向上的应计盈余管理，本章结论依然稳健。

本章的研究结论表明，业绩补偿承诺的并购方式承诺了业绩，但并没有向投资者承诺价值，收购方公司管理层存在显著向上的盈余管理行为，最终的并购绩效不尽如人意，严重损害了中小投资者的利益。

第七章 业绩补偿承诺与高管减持的关系研究

延续前面章节的研究思路，上市公司通过向上盈余管理调增合并报表的业绩，便于维持收购方公司的股价和满足市值管理的需求，同时为高管减持创造了便利的条件和时机，本章继续讨论业绩补偿承诺协议中隐藏着高管减持的机会主义行为。根据现有研究，高股价是影响上市公司高管是否减持的重要因素，并且上市公司的高管拥有内部信息优势，业绩补偿承诺可能成为上市公司高管的套利工具，本章将针对上述问题进行研究讨论。

第一节 理论分析与研究假设

在掌握信息优势的前提下，管理层可以利用内幕信息，通过对公司未来发展形势的研判实施股份减持。上市公司的高管在减持股份上具有很强的时机把握能力（曾庆生，2008），他们往往在公司股价被高估时进行减持（谢德仁等，2016；周铭山等，2017），利用信息优势获得超额收益（Ali and Hirshleifer，2017；马云飙等，2021）。此外，还有研究发现管理层更偏爱利用短期业绩推高股价，便于管理者在短期内出售股票，以满足个人对流动性的需求或实现财富转移目的（Reichelstein，1997；Reichelstein，2000；Lambert，2001；易志高等，2017）。

由于并购完成后标的公司通常纳入收购方公司的管理范围，收购方公司的管理层不仅掌握着较多的内幕信息，而且作为内部人能够对并购后的整合效应进行精准预测。所以，收购方管理层的持仓变化是检验其对合并后公司的未来发展是否抱有信心的重要晴雨表。本书将针对管理层的减持情况进行研究：如果对并购后公司的未来业绩长期看涨，那么高管卖出股票的可能性较低；如果管理层对前景预计不乐观，或是认为股价被高估，很可能选择减持股份。

从业绩补偿承诺的设计初衷来看，该协议降低了交易双方的信息不对称问题（吕长江和韩慧博，2014），使外部信息使用者同样了解标的公司的经营情况和未来前景，信息透明度的增强有助于削弱管理层的机会主义动机，减少其利用内幕信息的操作空间，降低了高管减持的可能性。

与上述理想状态不同，现实中的资本市场业绩承诺丑闻现象频发，在利益链条驱动下，收购方公司高管有可能借机在股价高位时选择减持套现。根据业绩补偿承诺协议，通常情况下，标的公司需要赔偿的金额远远低于当初收购方公司支付的购买成本，导致标的公司容易通过虚高业绩承诺获得高溢价，即使未来没有达成约定的盈利预测，相对于其获得的并购溢价仍是有利可图的。如前文所述，收购方公司获得股价上涨，这样交易双方公司各取所需，形成"高承诺-高估值-高溢价"的利益链条（李晶晶等，2020），在代理冲突下，收购方公司高管有强烈动机择时减持套现，谋取私人收益。

此外，从公司内部人的信息优势来看，相对于公司外部信息使用者，管理层拥有大量的内部信息，可以准确判断并购后的标的公司经营现状和发展前景，在有关标的公司经营情况的信息还未反映到市场之前，利用内部信息精准减持获利（Stein，1996；曾庆生，2008；Ali and Hirshleifer，2017），甚至还可能操纵披露信息以收获更多减持收益。所以，高业绩承诺的现实背景下，一旦标的公司经营不善或可能存在业绩预测不达标的情况，在此类"坏消息"被披露之前，拥有内部信息优势的管理层有强烈动机精准减持以规避风险。

总结来看，业绩补偿承诺为管理层利用内部信息优势借机减持套利，实现自身利益最大化创造了有利条件，据此本章提出如下研究假设：

H1：在并购完成后，签订业绩补偿承诺的收购方公司，其高管减持比例更高。

第二节 研究设计

一、样本选择与数据来源

本章以2008—2018年我国A股上市公司发生并购重组的事件作为研究样本，样本选取的开始时间是自2008年起。主要原因是我国证监会于2008年颁布《上市公司重大资产重组管理办法》，首次正式法以律制度形式明确规定采用业绩补偿承诺协议的情形。而业绩补偿承诺期一般为3年左右，样本时间截至2018年可以确保获得较为完整的业绩补偿承诺完成情况的数据。并购数据来源于CSMAR并购重组数据库。对并购事件进行了如下处理：①选取上市公司交易地位为买方的并购事件；②剔除债务重组和要约收购，保留资产收购、资产置换和吸收合并三种类型并购；③剔除交易失败的并购事件；④剔除交易价格、标的公司净资产账面价值等交易数据缺失的并购事件，同时删除交易价格小于100万元的并购事件；⑤剔除ST类和金融类上市公司；⑥剔除收购方公司相关数据缺失的样本；⑦同一公司在同一年内发生多次并购事件的仅保留有业绩补偿承诺的事件；⑧为避免DID模型中时间变量发生重叠，6年内不能发生两次或以上的并购事件，如果发生仅保留第一次。

是否提供业绩补偿承诺、业绩补偿承诺的方向、赔偿方式、业绩补偿年限、业绩补偿承诺的盈利预测数等数据，笔者根据上市公司在巨潮资讯网发布的并购重组报告书进行手工整理，而盈利预测的实际完成情况则根据上市公司的年报、会计师事务所发布的专项审核意见等逐年搜集。其他数据均来自CSMAR数据库，最终得到6 869个DID样本下的公司-年度观测值。为避免异常值影响，对连续变量进行上下1%的缩尾处理。

二、变量定义

（一）被解释变量

本章的被解释变量是高管减持比例（*Reduction*），具体的计算公式为当年高管减持的股份数量除以当年末高管持有的总股数。与易志高等（2017）、周铭山等（2017）、罗宏和黄婉（2020）等高管减持的现有研究相一致，本书定义的高管主要包括公司的董事、监事和经理层，也就是一般意义上的"董监高"。主要原因是他们都是内部信息的知情者，在并购重组过程中拥有内幕信息，相对外部信息使用者而言，这部分高管更具有信息优势。同时，董事长和总经理作为企业的核心领导层，本书在稳健性检验部分有必要讨论他们的股份减持情况。

（二）解释变量

业绩补偿承诺（VAM）是本章的核心解释变量，如果交易双方在并购报告书中签订了业绩补偿承诺协议，则 VAM 取值为 1，否则为 0。

（三）控制变量

借鉴陈作华和方红星（2019）、罗宏和黄婉（2020）等学者的研究，选择以下控制变量：公司规模（Size）、资产负债率（LEV）、市值账面比（MB）、资产报酬率（ROA）、是否"四大"（Big4）、上市公司成立时间（Age）、上一年个股回报率（PriorRet）、盈余管理（EM）、产权性质（SOE）、董事长和总经理是否两职合一（Dual）、是否授予高管股权激励（Incentive）、高管持股比例（Sharehd）、董事会规模（Board）、独立董事占比（Indepr）、第一大股东持股比例（Largest）、是否关联交易（Related）、交易相对规模（Relativesize）、是否重大并购（Major）。表 7-1 列示的是上述主要变量的定义情况。

表 7-1 变量定义表

	变量名称	定义	变量说明
被解释变量	Reduction	高管减持比例	高管减持数量/期末高管持股数量
解释变量	VAM	业绩补偿承诺协议	如果并购交易双方签订了业绩补偿承诺协议，则 VAM 取值为 1，否则为 0
控制变量	Size	公司规模	总资产的自然对数

续表

变量名称		定义	变量说明
控制变量	LEV	资产负债率	负债/总资产
	MB	市值账面比	市值除以账面价值，该比值加1后取自然对数
	ROA	资产报酬率	净利润/总资产
	Big4	是否"四大"	如果上市公司聘请的会计师事务所属于"四大"事务所，则Big4取值为1，否则为0
	Age	成立时间	上市公司成立时间的自然对数
	PriorRet	上一年个股回报率	考虑现金红利再投资的上一年的年个股回报率
	EM	盈余管理	以修正Jones模型计算的可操纵性应计利润
	SOE	产权性质	如果属于国有企业，SOE取值为1，否则为0
	Dual	两职合一	如果董事长和总经理为同一人，则Dual取值为1，否则为0
	Incentive	是否授予高管股权激励	如果上市公司当年授予高管相应的股权激励，则Incentive取值为1，否则为0
	Sharehd	高管持股比例	高管持有的股份数量/上市公司流通股的股份数量
	Board	董事会规模	董事会人数的自然对数
	Indepr	独立董事占比	独立董事人数/董事会人数
	Largest	第一大股东持股比例	上市公司期末的第一大股东的持股比例
	Related	是否关联交易	如果交易事件属于关联交易，则Related取值为1，否则为0
	Relativesize	交易相对规模	交易价格除以上一年收购方公司总资产的账面价值
	Major	是否重大并购	如果交易事件构成重大资产重组，则Major取值为1，否则为0

三、模型设计

为了验证假设H1，本书构建如下的DID模型（7.1）来检验业绩补偿承诺对高管减持的影响：

$$Reduction_{i,t} = \beta_0 + \beta_1 VAM_i \times POST_t + \beta_2 VAM_i + \beta_3 POST_t \\ + \sum \beta_i Control_{i,t} + Ind + Year + \varepsilon_6 \quad (7.1)$$

其中，$Reduction_{i,t}$ 为高管减持比例，VAM_i 为交易双方是否签订业绩补偿承诺协议的哑变量，$POST_t$ 为时间变量，业绩补偿承诺期在 3 年以及 3 年以内的，$POST_t$ 就以业绩补偿承诺期的实际年份数推算，极个别的样本中业绩补偿承诺期超过 3 年时，$POST_t$ 只取到第 3 年为止。具体而言，当处于并购完成公告日之前的年份时，$POST_t$ 取值为 0，当处于并购完成公告日之后的业绩补偿承诺期时，$POST_t$ 取值为 1。例如，若业绩补偿承诺期为 1 年，则 $POST_t$ 取值为 0 的年份和取值为 1 的年份都是 1 年（即前后各 1 年）；若业绩补偿承诺期为 2 年，则 $POST_t$ 取值为 0 的年份和取值为 1 的年份都是 2 年（即前后各 2 年）；若业绩补偿承诺期为 3 年及 3 年以上，则 $POST_t$ 取值为 0 的年份和取值为 1 的年份都是 3 年（即前后各 3 年）。考虑到大多数业绩补偿承诺期为 3 年，因而对于没有签订业绩补偿承诺的对照组并购，本书统一设置 $POST_t$ 取值为 0 的年份和取值为 1 的年份都是 3 年。交乘项 $VAM_i \times POST_t$ 反映了业绩补偿承诺对高管减持影响的净效应，$Control_{i,t}$ 为控制变量，同时还控制了行业和年份固定效应，ε_6 为残差项。

第三节 实证检验与回归结果分析

一、描述性统计与相关性分析

表 7-2 为主要变量的全样本描述性统计，高管减持 $Reduction$ 的均值为 0.180，表明上市公司的高管当年减持股份数占年末持股总数的比例平均为 18%，最小值和最大值分别为 0、8.288，差异明显，并且少数公司高管大量抛售持有的股份。这里需要说明的是：其一，高管减持股份数量包含了离职高管减持的数量。离职高管和在职高管减持的区别在于，如无特殊情况，高管离职一定时间后通常没有减持比例的限制，而在职高管每年的减持比例不能超过 25%。其二，样本公司的高管存在违规减持的情况。资本市场层出不穷的高管违规减持套现的现象一定程度说明，在掌握内部信

息的前提下，为追求个人利益最大化，高管有强烈动机进行减持，甚至不惜违规套现。主要解释变量 VAM 的均值为 0.596，样本内签订了业绩补偿承诺的公司仍占多数。

在控制变量方面，Size 和 LEV 的均值分别为 22.103、0.435，最大值和最小值差距较大，不同上市公司的规模和资产负债率迥异；MB 和 ROA 的均值分别为 1.204、0.039，说明相对而言上市公司的市场价值较高、盈利能力相对良好；Big4 的均值为 0.041，说明上市公司委托的审计机构为"四大"的比例较低；Age 的均值为 8.662，上市公司平均的成立时间较早；PriorRet 的均值为 0.239，上市公司在上一年的平均个股回报率较高；EM 的均值为 0.018，中位数为 0.013，说明我国上市公司存在较为普遍的正向应计盈余管理行为；SOE 的均值为 0.360，说明样本内的国有企业占比较低，平均为 36%；Dual 的均值为 0.274，上市公司的董事长和总经理两职合一的比例平均为 27.4%；Incentive 的均值为 0.222，表明样本内 22.2%的上市公司授予高管一定的股权激励；Sharehd 的均值为 0.249，表明高管持有的股份占上市公司流通股的比例约为 24.9%，高管持股比例相对较高；Board 的均值为 2.128，董事会的规模较大；Indepr 的均值为 0.374，独立董事的占比约为 37.4%，在董事会中占据相当的比重；Largest 的均值为 0.348，平均而言，第一大股东持股比例为 34.8%；Related 的均值为 0.549，说明关联交易占比约为 54.9%，平均一半以上的并购为关联交易；Relativesize 的均值为 0.218，交易金额占上市公司总资产的比例为 21.8%，说明交易规模相对较大；Major 的均值为 0.428，重大资产重组的占比约为 42.8%。

表 7-2　主要变量的全样本描述性统计

Variable	N	Mean	Median	SD	Min	Max
Reduction	6 869	0.180	0.000	0.946	0.000	8.288
VAM	6 869	0.596	1.000	0.491	0.000	1.000
Size	6 869	22.103	21.932	1.220	19.666	25.768
LEV	6 869	0.435	0.428	0.204	0.052	0.925
MB	6 869	1.204	1.124	0.404	0.635	2.535

续表

Variable	N	Mean	Median	SD	Min	Max
ROA	6 869	0.039	0.037	0.051	-0.172	0.182
Big4	6 869	0.041	0.000	0.198	0.000	1.000
Age	6 869	8.662	8.708	0.364	7.407	9.334
PriorRet	6 869	0.239	0.066	0.663	-0.627	3.010
EM	6 869	0.018	0.013	0.093	-0.255	0.386
SOE	6 869	0.360	0.000	0.480	0.000	1.000
Dual	6 869	0.274	0.000	0.446	0.000	1.000
Incentive	6 869	0.222	0.000	0.416	0.000	1.000
Sharehd	6 869	0.249	0.005	0.448	0.000	2.589
Board	6 869	2.128	2.197	0.190	1.609	2.565
Indepr	6 869	0.374	0.333	0.053	0.333	0.571
Largest	6 869	0.348	0.330	0.145	0.092	0.719
Related	6 869	0.549	1.000	0.498	0.000	1.000
Relativesize	6 869	0.218	0.120	0.305	0.001	1.928
Major	6 869	0.428	0.000	0.495	0.000	1.000

以是否签订业绩补偿承诺为分组依据，表7-3列示的是单变量的均值差异检验。提供业绩补偿承诺分组的高管减持比例的均值和没有提供业绩补偿承诺分组的高管减持比例的均值不存在差异，考虑到这里是DID样本，仍需在DID样本下进行多元回归检验。从其他控制变量的均值差异检验来看，相对于没有签订业绩补偿承诺的分组样本，签订业绩补偿承诺的收购方公司的公司规模更小，资产负债率更低，市值账面比更大，聘用的审计机构为"四大"的可能性较低，上一年的年个股回报率更高，应计盈余管理程度则更高，非国有企业的占比更高，授予高管股权激励的可能性更大，高管持股比例更高，独立董事占比更低，第一大股东持股比例更低，交易相对规模更大，更有可能是关联交易和重大资产重组。

表 7-3　均值差异检验表

	(1)	(2)	(3)
	VAM==1	VAM==0	Diff
Reduction	0.180	0.180	0.000
Size	21.955	22.322	-0.367***
LEV	0.419	0.458	-0.039***
MB	1.255	1.128	0.127***
ROA	0.040	0.039	0.001
Big4	0.033	0.052	-0.019***
Age	8.663	8.659	0.004
PriorRet	0.259	0.210	0.048***
EM	0.020	0.014	0.006***
SOE	0.319	0.421	-0.102***
Dual	0.277	0.269	0.008
Incentive	0.247	0.186	0.061***
Sharehd	0.283	0.198	0.085***
Board	2.127	2.129	-0.002
Indepr	0.372	0.376	-0.004***
Largest	0.337	0.364	-0.027***
Related	0.639	0.418	0.220***
Relativesize	0.316	0.073	0.242***
Major	0.628	0.133	0.495***

表 7-4 是主要变量的相关性分析表，左下三角是 Pearson 相关系数，右上三角是 Spearman 相关系数。从 Pearson 相关系数来看，VAM 和 Reduction 的相关系数虽不显著，但考虑到这里是 DID 样本下的相关性分析，仍需要结合 DID 模型进行多元回归分析，以检验二者之间的关系。同时各变量之间的方差膨胀因子（VIF）平均为 1.71，小于 10，说明不存在

严重的多重共线性。右上三角的 Spearman 相关系数同理。

表 7-4 相关性分析表

Variable		[1]	[2]	[3]	[4]	[5]	[6]
[1]	Reduction		-0.004	-0.050***	-0.061***	0.035***	-0.013
[2]	VAM	0.000		-0.124***	-0.102***	0.161***	0.034***
[3]	Size	-0.002	-0.148***		0.473***	-0.592***	-0.050***
[4]	LEV	-0.019	-0.094***	0.458***		-0.429***	-0.393***
[5]	MB	0.011	0.154***	-0.557***	-0.367***		0.316***
[6]	ROA	-0.022*	0.012	0.002	-0.361***	0.228***	
[7]	Big4	0.005	-0.047***	0.285***	0.102***	-0.137***	0.019
[8]	Age	0.002	0.005	0.212***	0.181***	-0.101***	-0.047***
[9]	PriorRet	-0.012	0.036***	-0.045***	-0.017	0.320***	0.118***
[10]	EM	-0.028**	0.033***	0.013	-0.067***	0.060***	0.294***
[11]	SOE	-0.031***	-0.104***	0.352***	0.327***	-0.277***	-0.132***
[12]	Dual	0.012	0.009	-0.144***	-0.112***	0.116***	0.023*
[13]	Incentive	0.027**	0.072***	-0.044***	-0.142***	0.120***	0.144***
[14]	Sharehd	-0.082***	0.093***	-0.263***	-0.305***	0.220***	0.150***
[15]	Board	-0.028**	-0.005	0.265***	0.124***	-0.184***	0.031***
[16]	Indepr	0.015	-0.038***	-0.032***	-0.012	0.074***	-0.029**
[17]	Largest	-0.012	-0.093***	0.205***	0.120***	-0.119***	0.065***
[18]	Related	-0.021*	0.217***	0.190***	0.201***	-0.132***	-0.078***
[19]	Relativesize	-0.005	0.390***	-0.213***	-0.111***	0.269***	0.053***
[20]	Major	-0.003	0.491***	-0.063***	0.043***	0.095***	-0.054***

Variable		[7]	[8]	[9]	[10]	[11]	[12]
[1]	Reduction	-0.025**	-0.063***	-0.020*	-0.038***	-0.122***	0.046***
[2]	VAM	-0.047***	-0.002	0.031***	0.041***	-0.104***	0.009

续表

	Variable	[7]	[8]	[9]	[10]	[11]	[12]
[3]	Size	0.232***	0.237***	-0.000	0.014	0.330***	-0.146***
[4]	LEV	0.104***	0.179***	-0.021*	-0.089***	0.324***	-0.112***
[5]	MB	-0.157***	-0.158***	0.329***	0.070***	-0.316***	0.133***
[6]	ROA	0.008	-0.063***	0.130***	0.211***	-0.162***	0.028**
[7]	Big4		0.045***	-0.012	-0.042***	0.154***	-0.064***
[8]	Age	0.044***		-0.024**	-0.033***	0.197***	-0.096***
[9]	PriorRet	-0.019	-0.024**		0.077***	-0.026**	0.017
[10]	EM	-0.032***	-0.018	0.070***		-0.054***	0.013
[11]	SOE	0.154***	0.203***	-0.038***	-0.045***		-0.269***
[12]	Dual	-0.064***	-0.104***	0.023*	0.009	-0.269***	
[13]	Incentive	-0.075***	-0.086***	0.034***	0.046***	-0.284***	0.086***
[14]	Sharehd	-0.091***	-0.229***	0.019	0.075***	-0.401***	0.167***
[15]	Board	0.061***	0.017	-0.014	0.000	0.249***	-0.131***
[16]	Indepr	0.011	0.007	0.004	0.001	-0.065***	0.083***
[17]	Largest	0.127***	-0.030**	-0.031***	-0.029***	0.231***	-0.038***
[18]	Related	0.054***	0.163***	0.005	-0.010	0.296***	-0.168***
[19]	Relativesize	-0.031**	0.038***	0.065***	0.038***	-0.072***	-0.007
[20]	Major	-0.023*	0.071***	0.057***	0.010	0.086***	-0.089***

	Variable	[13]	[14]	[15]	[16]	[17]	[18]
[1]	Reduction	0.096***	0.244***	-0.026**	0.002	-0.119***	-0.100***
[2]	VAM	0.072***	0.122***	0.002	-0.042***	-0.100***	0.217***
[3]	Size	-0.033***	-0.243***	0.242***	-0.055***	0.166***	0.190***
[4]	LEV	-0.138***	-0.346***	0.126***	-0.010	0.120***	0.198***
[5]	MB	0.148***	0.273***	-0.187***	0.065***	-0.124***	-0.171***

续表

Variable		[13]	[14]	[15]	[16]	[17]	[18]
[6]	ROA	0.178***	0.216***	0.007	-0.021*	0.041***	-0.105***
[7]	Big4	-0.075***	-0.126***	0.054***	0.013	0.117***	0.054***
[8]	Age	-0.092***	-0.226***	0.005	0.023*	-0.017	0.157***
[9]	PriorRet	0.033***	0.028**	-0.004	-0.005	-0.032***	0.005
[10]	EM	0.068***	0.094***	-0.001	-0.015	-0.043***	-0.029**
[11]	SOE	-0.284***	-0.587***	0.248***	-0.067***	0.232***	0.296***
[12]	Dual	0.086***	0.219***	-0.145***	0.084***	-0.033***	-0.168***
[13]	Incentive		0.336***	-0.080***	0.044***	-0.103***	-0.159***
[14]	Sharehd	0.168***		-0.147***	0.029**	-0.269***	-0.301***
[15]	Board	-0.075***	-0.144***		-0.578***	0.023*	0.109***
[16]	Indepr	0.043***	0.080***	-0.546***		-0.006	-0.058***
[17]	Largest	-0.107***	-0.084***	0.033***	0.005		0.144***
[18]	Related	-0.159***	-0.225***	0.106***	-0.052***	0.153***	
[19]	Relativesize	-0.071***	0.046***	-0.067***	-0.005	-0.004	0.327***
[20]	Major	-0.049***	-0.028**	0.010	-0.036***	-0.012	0.442***

Variable		[19]	[20]
[1]	Reduction	-0.047***	-0.062***
[2]	VAM	0.616***	0.491***
[3]	Size	-0.224***	-0.048***
[4]	LEV	-0.156***	0.033***
[5]	MB	0.237***	0.080***
[6]	ROA	0.032***	-0.041***
[7]	Big4	-0.054***	-0.023*
[8]	Age	0.033***	0.065***

续表

	Variable	[19]	[20]
[9]	PriorRet	0.038***	0.042***
[10]	EM	0.010	0.002
[11]	SOE	-0.050***	0.086***
[12]	Dual	-0.039***	-0.089***
[13]	Incentive	-0.023*	-0.049***
[14]	Sharehd	-0.005	-0.088***
[15]	Board	-0.039***	0.011
[16]	Indepr	-0.009	-0.032***
[17]	Largest	-0.055***	-0.018
[18]	Related	0.393***	0.442***
[19]	Relativesize		0.741***
[20]	Major	0.556***	

注：左下三角是Pearson相关系数，右上三角是Spearman相关系数，*、**、***分别表示10%、5%、1%的显著性水平。

二、假设检验

表7-5列示的是业绩补偿承诺对高管减持的回归结果。其中，列（1）是业绩补偿承诺与高管减持比例的DID模型的回归结果，交乘项 VAM× POST 的回归系数为0.097，在5%水平显著为正，说明越是签订业绩补偿承诺的并购，高管的减持比例越高，假设H1得到验证。列（2）是DID模型的平行趋势检验，通过设置年份虚拟变量来表示，其中 Before3 至 Before1 是 $POST_t$ 取值为0的之前3年，After1 至 After3 是 $POST_t$ 取值为1的之后3年，为避免共线性，按照通常做法选择将 Before1 剔除，可以发现 $POST_t$ 取值为0的各个年份虚拟变量和 VAM 的交乘项系数均不显著，说明实验组和控制组在并购完成日之前不存在显著的差异，符合DID回归中的平行趋势这一前提条件。

本部分的回归结果表明,被收购方虽然进行了业绩补偿承诺,但是并没有增加收购方高管长期持股的信心,反倒是利用"利好"消息,高位卖出股票,获取私利。在此类并购事件中,虽然并购承诺了业绩,却不能向投资者承诺信心,该协议成为助推高管减持的工具。

表7-5 是否签订业绩补偿承诺与高管减持

Variable	(1) Reduction	(2) Reduction
VAM×POST	0.097**	
	(1.99)	
POST	−0.101**	
	(−2.50)	
VAM	−0.063	−0.068
	(−1.42)	(−1.01)
VAM×Before3		0.035
		(0.36)
VAM×Before2		−0.019
		(−0.21)
VAM×After1		0.066
		(0.81)
VAM×After2		0.098
		(1.21)
VAM×After3		0.133
		(1.62)
Before3		0.025
		(0.32)
Before2		−0.000
		(−0.00)

续表

	(1)	(2)
After1		-0.064
		(-0.99)
After2		-0.088
		(-1.37)
After3		-0.138**
		(-2.27)
Size	0.009	0.009
	(0.52)	(0.52)
LEV	-0.205**	-0.208**
	(-2.49)	(-2.52)
MB	0.018	0.019
	(0.38)	(0.41)
ROA	-0.449	-0.465
	(-1.27)	(-1.31)
Big4	0.022	0.022
	(0.34)	(0.34)
Age	-0.048	-0.048
	(-1.29)	(-1.26)
PriorRet	-0.039*	-0.039*
	(-1.77)	(-1.75)
EM	-0.149	-0.144
	(-1.28)	(-1.24)
SOE	-0.102***	-0.103***
	(-3.60)	(-3.62)

续表

	(1)	(2)
Dual	0.013	0.012
	(0.42)	(0.42)
Incentive	0.049	0.050
	(1.49)	(1.51)
Sharehd	-0.266***	-0.265***
	(-9.67)	(-9.68)
Board	-0.101	-0.103
	(-1.45)	(-1.47)
Indepr	0.114	0.108
	(0.45)	(0.42)
Largest	0.012	0.016
	(0.16)	(0.21)
Related	-0.048*	-0.049*
	(-1.78)	(-1.81)
Relativesize	-0.001	-0.001
	(-0.03)	(-0.02)
Major	0.030	0.030
	(0.96)	(0.94)
Constant	0.458	0.432
	(0.91)	(0.86)
Year/Industry FEs	Yes	Yes
N	6 869	6 869
R^2_adj	0.014	0.013

注：全部使用调整异方差后的稳健标准误。*、**、*** 分别表示10%、5%、1%的显著性水平，括号中列示的为 t 值。

本章的研究情境主要围绕并购完成后未来的业绩补偿承诺时期。前文已经验证提供业绩补偿承诺的并购会导致高管的减持比例更高，所以接下来聚焦于业绩补偿承诺样本展开讨论。在业绩补偿承诺期内，资本市场最为关心的就是标的公司的盈利预测完成情况。本章主要通过标的公司是否完成盈利预测（Meetdummy）和盈利预测的完成比例（Meetratio）这两个变量进行度量。具体而言：①设置一个哑变量，即业绩补偿承诺期内，当标的公司完成交易双方约定的盈利预测目标时，Meetdummy 取值为 1，如果标的公司没有完成交易双方约定的盈利预测目标时，Meetdummy 取值为 0；②以补偿期内的盈利预测实际完成数除以盈利预测数衡量盈利预测的完成比例 Meetratio，Meetratio 越高，说明标的公司盈利预测的完成情况越理想。需要说明，在 DID 模型中，Meetdummy、Meetratio 和 POST 的交乘项都与各自的单独项完全重合，因此 Meetdummy 和 Meetratio 的单独项回归系数被交乘项吸收。

表 7-6 的列（1）为标的公司是否完成盈利预测（Meetdummy）和高管减持的回归结果，Meetdummy 和 POST 的交乘项系数为 -0.120，在 5% 水平显著为负，说明标的公司完成盈利预测会显著降低高管减持的比例；列（2）为标的公司盈利预测的完成比例（Meetratio）和高管减持的回归结果，Meetratio 和 POST 的交乘项同样显著为负，说明标的公司的盈利预测完成比例越高，上市公司高管减持比例越低。总体而言，标的公司未来盈利预测的完成情况越理想，传递出标的公司经营情况良好的信号，提升了收购方公司管理层的信心，降低了管理层减持的可能性。

与前文一脉相承，本书接下来继续探讨业绩补偿承诺协议的具体条款是否会对高管减持产生差异影响，分别从业绩补偿承诺是否存在双向模式、业绩考核的时间模式以及违约赔偿方式三个方面进行检验。具体的变量定义沿用之前的三个变量：是否存在双向业绩补偿（Direction）、是否采用逐年补偿方式（Annual）以及是否采用股份补偿方式（Stocktype）。

表 7-6 的列（3）至列（5）列示的是业绩补偿承诺的具体条款对高管减持影响的回归结果。可以看出，是否存在双向业绩补偿 Direction、是否逐年补偿方式 Annual、是否股份补偿方式 Stocktype 与高管减持比例的回归系数均不显著。这里可能的解释是：高管是否减持股份主要受公司整体

运营情况的影响，是根据企业动态经营过程进行的择机行为，而业绩补偿承诺的具体条款通常在签订协议时就已经确定（极少数的交易双方选择协商修改），从长期来看，对收购方公司的高管减持不构成差异影响。而标的公司在补偿承诺期内每年实际完成的经营绩效，极大影响着并购整合后的公司绩效，对公司股价存在着动态效应。

表 7-6 业绩补偿承诺的盈利预测完成情况、具体条款与高管减持

Variable	(1) Reduction	(2) Reduction	(3) Reduction	(4) Reduction	(5) Reduction
$Meetdummy \times POST$	-0.120**				
	(-2.25)				
$Meetratio \times POST$		-0.088*			
		(-1.74)			
$Direction \times POST$			0.014		
			(0.19)		
$Direction$			0.017		
			(0.30)		
$Annual \times POST$				0.027	
				(0.32)	
$Annual$				-0.036	
				(-0.54)	
$Stocktype \times POST$					0.006
					(0.09)
$Stocktype$					-0.031
					(-0.56)
$POST$	0.083	0.083	-0.008	-0.028	-0.012
	(1.37)	(1.21)	(-0.21)	(-0.34)	(-0.18)

续表

	(1)	(2)	(3)	(4)	(5)
Size	0.028	0.029	0.029	0.027	0.028
	(1.18)	(1.22)	(1.26)	(1.14)	(1.17)
LEV	-0.286***	-0.290***	-0.291***	-0.292***	-0.298***
	(-2.61)	(-2.65)	(-2.67)	(-2.66)	(-2.71)
MB	0.042	0.042	0.043	0.039	0.038
	(0.68)	(0.67)	(0.71)	(0.63)	(0.61)
ROA	-0.546	-0.562	-0.660*	-0.674*	-0.675*
	(-1.41)	(-1.46)	(-1.66)	(-1.71)	(-1.72)
Big4	-0.038	-0.033	-0.037	-0.033	-0.036
	(-0.41)	(-0.35)	(-0.39)	(-0.36)	(-0.39)
Age	-0.068	-0.072	-0.072	-0.071	-0.074
	(-1.32)	(-1.39)	(-1.38)	(-1.37)	(-1.42)
PriorRet	-0.013	-0.014	-0.015	-0.014	-0.014
	(-0.44)	(-0.47)	(-0.51)	(-0.48)	(-0.49)
EM	-0.079	-0.082	-0.084	-0.082	-0.080
	(-0.54)	(-0.55)	(-0.57)	(-0.56)	(-0.54)
SOE	-0.102***	-0.104***	-0.107***	-0.109***	-0.108***
	(-2.70)	(-2.78)	(-2.86)	(-2.89)	(-2.86)
Dual	0.038	0.035	0.034	0.034	0.034
	(0.92)	(0.86)	(0.82)	(0.83)	(0.82)
Incentive	0.052	0.054	0.052	0.054	0.054
	(1.24)	(1.29)	(1.24)	(1.29)	(1.28)
Sharehd	-0.267***	-0.268***	-0.271***	-0.270***	-0.270***
	(-7.46)	(-7.51)	(-7.46)	(-7.46)	(-7.48)

续表

	（1）	（2）	（3）	（4）	（5）
Board	-0.113	-0.113	-0.111	-0.109	-0.108
	(-1.25)	(-1.24)	(-1.23)	(-1.21)	(-1.19)
Indepr	-0.079	-0.081	-0.081	-0.056	-0.065
	(-0.24)	(-0.24)	(-0.24)	(-0.17)	(-0.19)
Largest	0.066	0.067	0.067	0.065	0.058
	(0.67)	(0.69)	(0.69)	(0.67)	(0.60)
Related	-0.002	-0.003	-0.005	-0.008	-0.005
	(-0.05)	(-0.08)	(-0.12)	(-0.19)	(-0.12)
Relativesize	0.008	0.005	0.010	0.009	0.011
	(0.22)	(0.14)	(0.27)	(0.25)	(0.31)
Major	0.015	0.016	0.006	0.007	0.013
	(0.42)	(0.43)	(0.15)	(0.19)	(0.35)
Constant	0.516	0.526	0.536	0.613	0.596
	(0.66)	(0.68)	(0.69)	(0.79)	(0.76)
Year/Industry FEs	Yes	Yes	Yes	Yes	Yes
N	4 092	4 092	4 092	4 092	4 092
R^2_adj	0.016	0.015	0.014	0.014	0.014

注：全部使用调整异方差后的稳健标准误。*、**、*** 分别表示 10%、5%、1% 的显著性水平，括号中列示的为 *t* 值。

三、稳健性检验

（一）变量替换

参考马云飙等（2021）的研究做法，采用高管减持的股份数量除以上市公司流通股数量，重新计算高管减持比例替换被解释变量，以

Reduction2 表示。表 7-7 的列（1） VAM 和 POST 的交乘项系数显著为正，表明越是签订业绩补偿承诺的收购方公司，其高管越容易在未来减持套现，本章的主要结论不变。

曾庆生（2008）发现不同等级的管理层在减持后获得的超额收益方面差距较大，而上市公司的董事长和总经理作为核心领导层，在各项投资决策中发挥着举足轻重的作用；曾庆生（2008）、李维安等（2013）还单独检验了董事长和总经理的股份减持变动。本章分别采用如下两个指标衡量：①上市公司的董事长和总经理减持的股份数量除以年末董事长和总经理持股数量，以 CEOReduction1 表示；②上市公司的董事长和总经理减持的股份数量除以上市公司流通股数量，以 CEOReduction2 表示。表 7-7 的列（2）和列（3）列示了是否签订业绩补偿承诺对董事长和总经理股份减持影响的回归结果，VAM 和 POST 的交乘项系数显著为正，表明作为核心高层的决策者，董事长和总经理同样存在利用业绩补偿承诺进行减持套现的动机，我国资本市场中的业绩补偿承诺协议成为上市公司高管谋取私利的工具。

表 7-7　是否签订业绩补偿承诺与高管减持：更换被解释变量

Variable	(1) Reduction2	(2) CEOReduction1	(3) CEOReduction2
VAM×POST	0.005*	0.025*	0.005*
	(1.65)	(1.66)	(1.69)
POST	-0.003	-0.008	-0.000
	(-1.23)	(-0.71)	(-0.11)
VAM	-0.001	-0.011	-0.002
	(-0.34)	(-0.84)	(-0.66)
Size	-0.000	-0.001	-0.000
	(-0.24)	(-0.17)	(-0.37)
LEV	-0.017***	0.016	-0.005
	(-2.90)	(0.68)	(-0.90)

续表

	(1)	(2)	(3)
MB	-0.001	-0.009	0.000
	(-0.27)	(-0.84)	(0.01)
ROA	-0.046**	-0.191*	-0.053***
	(-2.13)	(-1.88)	(-2.70)
Big4	0.003	-0.003	0.005
	(0.66)	(-0.17)	(1.26)
Age	-0.013***	-0.036***	-0.012***
	(-4.74)	(-2.80)	(-4.44)
PriorRet	-0.002	-0.016**	-0.001
	(-1.60)	(-2.39)	(-0.68)
EM	-0.007	-0.027	0.009
	(-0.96)	(-0.63)	(1.32)
SOE	-0.011***	-0.038***	-0.009***
	(-7.28)	(-3.88)	(-6.22)
Dual	0.002	-0.046***	-0.007***
	(0.72)	(-5.37)	(-3.49)
Incentive	-0.001	0.027**	-0.000
	(-0.42)	(2.49)	(-0.17)
Sharehd	-0.002	-0.024***	0.012***
	(-0.83)	(-2.79)	(3.62)
Board	-0.008*	-0.024	-0.002
	(-1.76)	(-1.08)	(-0.51)
Indepr	0.045**	-0.011	0.027
	(2.41)	(-0.14)	(1.52)

续表

	(1)	(2)	(3)
Largest	−0.010**	−0.055**	−0.003
	(−2.11)	(−2.11)	(−0.68)
Related	−0.005***	−0.015*	−0.006***
	(−2.71)	(−1.66)	(−3.41)
Relativesize	0.003	−0.008	0.001
	(0.74)	(−0.78)	(0.16)
Major	0.002	−0.001	0.002
	(0.85)	(−0.09)	(1.08)
Constant	0.126***	0.430***	0.120***
	(3.86)	(2.86)	(3.75)
Year/Industry FEs	Yes	Yes	Yes
N	6 869	6 869	6 869
R^2_adj	0.030	0.015	0.036

注：全部使用调整异方差后的稳健标准误。*、**、***分别表示10%、5%、1%的显著性水平，括号中列示的为 t 值。

（二）内生性问题

1. PSM+DID 样本回归

为缓解样本选择偏误导致的内生性问题，本书通过构建 PSM+DID 样本进行检验。和前文保持一致，借鉴杨超等（2018）、潘爱玲等（2021）的研究，以公司规模（*Size*）、资产负债率（*LEV*）、资产报酬率（*ROA*）、董事长和总经理是否两职合一（*Dual*）、是否授予高管股权激励（*Incentive*）为配对变量，按照1比1有放回的最邻近倾向得分匹配方法，得到620个实验组并购事件和401个控制组并购事件，然后转化为4 549个 DID 样本观测值进行回归分析。

表7-8列示的是 PSM 样本的平衡性检验。从表7-8中可以看出，大

部分的配对变量在匹配前存在显著差异，而在匹配后所有的变量都不存在显著差异，说明构造的 PSM 样本满足了平衡性要求。

表 7-8　PSM 匹配前后样本比较

	匹配前			匹配后		
	Treat	Control	T-Test	Treat	Control	T-Test
Size	22.215	21.988	3.77***	22.204	22.252	−0.70
LEV	0.440	0.405	3.52***	0.440	0.439	0.10
ROA	0.042	0.047	−2.22**	0.042	0.042	−0.00
Dual	0.301	0.306	−0.20	0.300	0.297	0.12
Incentive	0.221	0.267	−2.06**	0.219	0.247	−1.14

表 7-9 列示的是 PSM+DID 样本下，业绩补偿承诺与高管减持关系的回归结果。从整体来看，列（1）VAM 和 POST 的交乘项回归系数，在 5%水平显著为正，验证了签订业绩补偿承诺的收购方公司，其高管减持比例更高。列（2）是 DID 平行趋势检验，将 POST 时期重新设置年份虚拟变量，Before3 至 Before1 是 POST 取值为 0 的之前 3 年，After1 至 After3 是 POST 取值为 1 的之后 3 年，为避免共线性将 Before1 剔除，可以发现 POST 取值为 0 的年份虚拟变量和 VAM 的交乘项都不显著，说明实验组和控制组在并购完成日之前不存在显著的差异，符合平行趋势的前提条件。从整体来看，在考虑样本选择偏误后，以 PSM+DID 的样本重新进行回归，本章的研究结论依然成立。

表 7-9　业绩补偿承诺与高管减持：PSM+DID 样本

Variable	(1) Reduction	(2) Reduction
VAM×POST	0.155**	
	(2.55)	
POST	−0.103**	
	(−2.49)	

续表

	(1)	(2)
VAM	−0.090*	−0.130*
	(−1.68)	(−1.71)
VAM×Before3		0.089
		(0.79)
VAM×Before2		0.040
		(0.39)
VAM×After1		0.140
		(1.45)
VAM×After2		0.242**
		(2.41)
VAM×After3		0.195**
		(2.00)
Before3		0.016
		(0.20)
Before2		−0.002
		(−0.03)
After1		−0.066
		(−1.01)
After2		−0.094
		(−1.45)
After3		−0.155**
		(−2.51)
Size	−0.013	−0.013
	(−0.74)	(−0.73)

续表

	（1）	（2）
LEV	-0.211**	-0.214**
	(-2.05)	(-2.07)
MB	-0.081	-0.079
	(-1.55)	(-1.51)
ROA	-0.286	-0.304
	(-0.65)	(-0.68)
Big4	0.020	0.018
	(0.27)	(0.24)
Age	-0.031	-0.029
	(-0.68)	(-0.65)
PriorRet	-0.075***	-0.078***
	(-2.98)	(-3.07)
EM	-0.351**	-0.350**
	(-2.41)	(-2.41)
SOE	-0.104***	-0.106***
	(-2.78)	(-2.81)
Dual	0.005	0.005
	(0.14)	(0.14)
Incentive	0.025	0.026
	(0.61)	(0.63)
Sharehd	-0.269***	-0.270***
	(-7.67)	(-7.67)
Board	-0.028	-0.032
	(-0.33)	(-0.38)

续表

	（1）	（2）
Indepr	0.339	0.333
	(1.11)	(1.08)
Largest	-0.019	-0.015
	(-0.20)	(-0.16)
Related	-0.089***	-0.090***
	(-2.59)	(-2.60)
Relativesize	-0.003	-0.003
	(-0.06)	(-0.06)
Major	0.069	0.068
	(1.58)	(1.54)
Constant	0.728	0.706
	(1.24)	(1.22)
Year/Industry FEs	Yes	Yes
N	4 549	4 549
R^2_adj	0.014	0.014

注：全部使用调整异方差后的稳健标准误。*、**、*** 分别表示10%、5%、1%的显著性水平，括号中列示的为 t 值。

2. 熵平衡匹配法

为缓解签订业绩补偿承诺和没有签订业绩补偿承诺的并购交易之间的样本差异导致的潜在偏误问题，本书利用熵平衡方法构建了一个基于可观测特征变量的匹配样本。借鉴 Hainmueller（2012）的做法，熵平衡匹配法对控制组进行加权平衡条件处理，以便于找到实验组和控制组之间矩阵的单位权重，进而转化为更低的近似误差，使两组之间的协变量分布趋于一致。熵平衡法最大的特点在于不会损失样本数量，减少有限样本对模型的依赖，提高检验水平。

表7-10列示的是一阶矩条件下的配对协变量分布，和PSM的配对变

量相同，以公司规模（*Size*）、资产负债率（*LEV*）、资产报酬率（*ROA*）、董事长和总经理是否两职合一（*Dual*）、是否授予高管股权激励（*Incentive*）为配对变量。可以看出，所有的配对变量在匹配后使得实验组和控制组的一阶矩条件基本相同，说明较好地平衡匹配了提供业绩补偿承诺和没有提供业绩补偿承诺的两类样本。

表 7-10 熵平衡匹配的平衡性分布

Before：	Treat	Control
	Mean	Mean
Size	21.960	22.320
LEV	0.419	0.458
ROA	0.040	0.039
Dual	0.277	0.269
Incentive	0.247	0.186
After：	Treat	Control
	Mean	Mean
Size	21.960	21.960
LEV	0.419	0.419
ROA	0.040	0.040
Dual	0.277	0.277
Incentive	0.247	0.247

表 7-11 是熵平衡匹配样本下业绩补偿承诺与高管减持关系的回归结果。列（1）*VAM* 和 *POST* 交乘项的回归系数显著为正，签订业绩补偿承诺的收购方公司，其高管减持比例更高。在考虑两类样本选择差异导致的潜在偏误问题后，本章的研究结论依然稳健。

表 7-11 业绩补偿承诺与高管减持：熵平衡匹配样本

Variable	(1) Reduction
VAM×POST	0.094*
	(1.83)
POST	−0.100**
	(−2.27)
VAM	−0.062
	(−1.31)
Size	0.006
	(0.36)
LEV	−0.179**
	(−2.13)
MB	0.028
	(0.53)
ROA	−0.487
	(−1.03)
Big4	0.024
	(0.36)
Age	−0.053
	(−1.30)
PriorRet	−0.048**
	(−2.08)
EM	−0.144
	(−1.18)
SOE	−0.113***
	(−3.67)

续表

	（1）
Dual	0.001
	(0.03)
Incentive	0.041
	(1.20)
Sharehd	−0.274***
	(−9.11)
Board	−0.083
	(−1.16)
Indepr	0.297
	(1.07)
Largest	0.002
	(0.02)
Related	−0.058**
	(−2.13)
Relativesize	−0.001
	(−0.03)
Major	0.030
	(0.91)
Constant	0.390
	(0.73)
Year/Industry FEs	Yes
N	6 869
R^2	0.024

注：*、**、*** 分别表示10%、5%、1%的显著性水平，括号中列示的为 t 值。

第四节　本章小结

本章以 2008—2018 年我国 A 股上市公司发生并购重组的事件作为研究样本，对提供业绩补偿承诺的并购事件与高管减持的关系进行了检验。实证研究发现，相对于没有签订业绩补偿承诺的并购，签订了业绩补偿承诺的收购方高管进行了更多的减持套现，这表明业绩补偿承诺成为收购方公司高管谋取私利的工具，同时说明高管认为股价被高估的程度更大，对公司未来没有展示出信心。

进一步讨论签订业绩补偿承诺的并购事件，资本市场最为关心的是标的公司在业绩补偿承诺期内的盈利预测完成情况，通过标的公司是否完成盈利预测和盈利预测的完成比例度量盈利预测完成情况，发现标的公司未来盈利预测的完成情况越理想，传递出标的公司经营情况良好的信号，提升了收购方公司管理层的信心，降低了管理层减持的可能性。反之，标的公司未能完成盈利预测目标，收购方高管减持的比例越多，反映出拥有信息优势的高管可以依据标的公司的经营情况择机进行减持。除此之外，在并购谈判时就确定的业绩补偿承诺的具体条款（是否存在双向业绩补偿、是否采用逐年补偿方式以及是否采用股份补偿方式）对高管减持不会产生显著的差异影响，也侧面反映出高管减持的主要因素之一还是并购后的上市公司股价，而标的公司盈利预测的完成情况直接影响并购绩效和收购方公司的股价，两者密不可分。最后，替换高管减持的变量定义、考虑核心管理层的减持情况后，发现业绩补偿承诺下高管减持比例和核心管理层的减持比例更大，本章结论依然成立。以 PSM+DID 样本和熵平衡匹配法缓解可能存在的内生性问题后，研究结论依然保持不变。

基于前文发现业绩补偿承诺协议带来的"高股价"和"高估值"现象，该协议推动了收购方公司的股价上涨，使标的公司获得高额并购溢价，双方公司都获利，但并购绩效不佳则反映出背后隐藏着机会主义动机。本章发现签订业绩补偿承诺协议后，收购方公司的高管减持比例更高，说明此类并购虽然承诺了业绩，却不能向投资者提供信心，拥有信息优势的高管不但没有长期持股信心，反而择机进行减持获利，极大损害了中小投资者利益。

第八章 研究结论与研究展望

第一节 研究结论与启示

一、研究结论

业绩补偿承诺已成为我国资本市场并购重组的重要契约安排，对于该协议发挥的作用，本书进行了深入的阐述。本书采用2008—2018年我国A股上市公司发生的并购事件作为研究对象，分析了这项制度安排是否真正起到保护投资者利益的作用。本书从业绩补偿承诺的市场反应及其对溢价率的影响入手，检验交易双方公司的收益情况，但是基于收购方公司获得的短期股票价格上涨和标的公司获得的高溢价发现，在补偿期结束后，收购方公司发生明显的经营业绩下滑和公司价值受损，机会主义特征明显。通过分析收购方公司的盈余管理和管理层减持的机会主义行为，最终验证了对业绩补偿承诺协议的投资者保护效果不尽如人意，还存在较大的需完善空间。具体来看，主要研究结论如下：

第一，从收购方公司获得的市场反应来看，相对于没有提供业绩补偿承诺的并购，提供业绩补偿承诺的短期市场反应更积极。业绩补偿承诺就标的公司未来的经营情况向市场传递明确的盈利预测信息，可以降低交易双方的信息不对称程度和投资者的信息搜集成本，并且赔偿条款降低了收购方公司的并购整合风险。从短期看，业绩补偿承诺带来显著正向的市场反应。

进一步结合业绩补偿承诺协议的具体条款，发现双向业绩补偿承诺并没有带来显著的超额回报，但是逐年补偿方式和包含股份补偿方式下，市场反应更积极。可能的解释是：首先，实践中双向业绩补偿承诺的使用范围较小，并且约定给予奖励的完成比例相对较高，实现难度较大，可能会造成回归系数不显著；其次，逐年补偿方式向投资者传递更详细的分年度业绩信息，增量信息和逐年赔偿的及时性，能够提供更好的投资者保护程度，短期市场反应更积极；最后，股份补偿方式传递出标的公司对承诺的业绩更具信心和标的公司愿意风险共担的信号，市场反应更积极。

第二，站在标的公司获得的并购溢价角度来看，相对于没有提供业绩补偿承诺的并购，签订业绩补偿承诺的并购推高了被收购方的估值，收购方需要支付更高的并购溢价。我国上市公司热衷于进行跨行业的多元化并购，通过区分并购类型发现，多元化并购正向调节业绩补偿承诺和溢价率之间的关系，越是多元化并购，提供业绩补偿承诺的溢价率越高。

进一步结合业绩补偿承诺协议的具体条款，发现采用双向业绩补偿方式的溢价率更高。主要的原因是：我国并购重组活动中的双向业绩补偿承诺激励作用有限，并且该方式下预期增长率相对较高，交易价格偏离程度大，相对于未来不确定性较高的激励收益，追求短期既得利益的动机容易使双向补偿成为标的公司谋取高溢价的一种手段。同时，相对于单向补偿承诺，双向业绩补偿承诺增加了标的公司管理层的谈判议价能力，进而索取较高的并购溢价。相对而言，业绩考核的时间设定方式和违约赔偿方式更侧重于标的公司未来的赔偿，对并购溢价率没有显著的差异影响。

第三，并购绩效是衡量业绩补偿承诺协议对投资者保护效果的最终落脚点和主要依据。本书研究发现：补偿期刚结束，上市公司经营业绩和公司价值就出现明显下降，说明为了实现业绩补偿承诺，收购方和被收购方都有动机维持较高的业绩，但是一旦度过补偿期，业绩立即下降，机会主义特征明显。从收购方公司的盈余管理动机来看，相对于没有签订业绩补偿承诺的并购，签订了业绩补偿承诺的收购方公司，其并购后的向上盈余管理更多。显而易见，签订业绩补偿承诺的并购活动中，为了维持高股价和市值管理需要，加之面临的业绩压力和投资决策压力，在掌握更多内幕信息的前提下，收购方公司的管理层有动机也有能力在并购重组后进行盈余管理，尽可能规避公司合并报表的业绩下滑，以塑造其英明决策的市场形象，避免因决策错误遭受来自股东的压力与惩罚，证实了业绩补偿承诺成为我国上市公司进行盈余管理的新诱因。

进一步讨论签订业绩补偿承诺的并购事件，发现标的公司的盈利预测完成情况越理想、完成的比例越高，这都和收购方公司对合并报表进行的向上盈余管理正相关，反映出标的公司在实现承诺业绩的过程中，会诱发收购方公司的管理层对合并报表进行盈余管理，避免公司业绩下滑。此外，逐年补偿方式下需要对标的公司每年的盈利预测都进行考核，比累计一次性补偿方式的实现难度更大，与收购方公司盈余管理正相关的关系更显著，而是否存在双向业绩补偿、是否采用股份补偿方式与盈余管理均不显著。

第四，对高管的机会主义减持方面，本书发现，相对于没有签订业绩补偿承诺的并购，签订了业绩补偿承诺的收购方公司高管进行了更多的减持套利，表明业绩补偿承诺成为收购方公司高管谋取私利的工具，他们高位卖出股票获利，同时说明高管认为股价被高估的概率更大，对公司未来没有展示出信心。

在签订业绩补偿承诺的情况下，资本市场最为关心的是标的公司在业绩补偿承诺期内的盈利预测完成情况。标的公司盈利预测的完成情况越理想，传递出标的公司经营情况良好的信号，这将提升收购方公司管理层的信心，并降低管理层减持的可能性。而在并购谈判时就确定的业绩补偿承诺的具体条款（是否存在双向业绩补偿、是否采用逐年补偿方式以及是否采用股份补偿方式）对高管减持不会产生显著的差异影响，也侧面反映出高管减持的主要因素之一是并购后上市公司的股价，而标的公司盈利预测的完成情况直接影响并购绩效和收购方公司的股价，两者密不可分。

以上研究结论表明，业绩补偿承诺的并购方式承诺了业绩，但并没有向投资者提供信心和价值，最终的并购绩效不尽如人意，收购方公司管理层的机会主义行为严重损害了中小投资者的利益。

二、政策建议

鉴于上述研究结论，本书提出如下政策建议：

第一，由于现行的业绩补偿承诺协议是交易双方自主谈判博弈的结果，"高估值"和"高溢价"现象导致标的公司即便进行了业绩补偿，但相较于其获取的利益仍然有利可图，也就是机会成本过低，这应当引起监管部门的重视。针对高溢价的并购活动，可采用问询函等"柔性"监管方式要求交易双方解释说明原因，加强信息披露，对含糊不清或者避重就轻的回函予以关注。另外，高估值离不开作为第三方的资产评估机构，但目前对第三方的追责机制还未能成形，缺乏有效的约束，未来可考虑加强资产评估机构等第三方的连带责任，促使其在对标的公司估值时，保持客观公正立场。

第二，虽然业绩补偿承诺在短期内能使股价攀升，而高管减持套现、向上盈余管理和上市公司在业绩补偿期后的业绩下降，说明在目前的资本市场中，业绩承诺损害了投资者利益。首先，投资者应避免盲目跟风或过度反应，要理性看待并购重组中的业绩补偿承诺协议。其次，应加强上市公司的信息披露质量，提高盈余操纵的违规成本，对于利用业绩补偿承诺谋取私利的收购方公司高管，要加大处罚力度，追究个人连带责任。最后，针对签订业绩补偿承诺的并购，约束高管持股的变动时间和变动比例，特别是在任签订业绩补偿承诺又在业绩补偿期内发生离职的高管，应延长减持锁定期，从制度源头杜绝高管减持的机会主义动机。

第三，积极推进和完善外部公司治理，提高分析师、媒体等信息中介的参与度，帮助资本市场挖掘更多基本面信息，使并购重组交易过程公正、透明，及时发现业绩补偿承诺协议在履约过程中存在的异常现象或违规行为。优化外部治理环境，有助于降低管理层的机会主义动机，加强对中小投资者的保护。

总之，本书对业绩补偿承诺带来的长期后续影响进行研究，并发现该协议在保护投资者利益方面存在明显不足。本书提示市场要谨慎并理性地看待业绩补偿承诺协议，不能以保护投资者利益为借口，助长交易双方的利益攫取行为。保护投资者利益的本质在于降低代理成本，让收购方高管真正履行责任，选择收购那些有利于公司长远发展的标的资产，而不是以此作为各方追逐私利的温床。研究结论可为完善证券监管提供一定的启示，具有较强的现实意义。

第二节 研究局限与研究展望

一、研究局限

第一，业绩补偿承诺协议是收购方公司和标的公司通过交易谈判签订完成的契约，但由于标的公司大多为非上市公司，公开的数据有限，导致本书无法足够深入地讨论标的公司的影响，只能从现有交易数据和收购方公司的角度分析，所以从标的公司角度分析业绩补偿承诺协议的影响可以作为未来研究的一个方向。

第二，对于同一家上市公司在同一年发生的连续多次并购事件，现有研究大多只保留一次，另外本书为避免 DID 模型中时间变量发生重叠，6 年内不能发生两次或以上的并购事件，如果发生仅保留第一次。虽然这些研究设计上的处理可以避免估计偏误问题，但是不同并购事件的影响可能会有差异，导致丢失一定的信息含量，这也是目前并购重组研究中存在的共性问题，未来仍需不断改进计量经济学和实证研究方法，以进一步解决这些难题。

第三，本书主要讨论业绩补偿承诺协议对投资者保护的影响，并且着重分析业绩补偿承诺具体条款和协议内容带来的差异影响，但是没有围绕具体条款展开更深入的探讨，目前可获得的公开数据只能以虚拟变量衡量是否双向补偿、是否采取逐年补偿方式或是否股份赔偿方式等，这里缺乏更细致的分析。未来如果能结合业绩补偿承诺具体条款的更多数据进行挖掘，如文本分析或语调测量等方式，就可以剖析不同条款差异影响背后的机理，进而加深对业绩补偿承诺协议内在运行机制的理解，找出更多的研究方向。

二、研究展望

本书虽然初步讨论了业绩补偿承诺在投资者保护方面存在的不足，在一定程度上厘清了"高估值""高股价""高承诺"背后隐藏的机会主义动机，但对业绩补偿承诺的研究还处在初步探索的阶段，未来仍有较大的研究空间有待进一步探索。

第一，由于目前关于标的公司的数据有限，未来获得更多标的公司的公开数据后，从标的公司的角度分析业绩补偿承诺协议的效应具有较大的研究空间和现实意义，结合交易双方立场，可帮助资本市场更全面地理解该协议的经济后果。

第二，资产评估机构、财务顾问等第三方中介机构在并购活动中发挥着重要作用，也是业绩补偿承诺协议签订过程的重要参与者。所以，结合业绩补偿承诺表现出的"高估值"和"高溢价"现象，第三方中介机构负有一定的责任。未来研究可以尝试从第三方中介机构的独立性和专业能力等角度，分析其在业绩补偿承诺协议的谈判、签订和运行过程中扮演的角色。

第三，关于标的公司违约的法律责任和事后的实际赔偿进展，特别是资本市场越来越多出现的拒不赔付情况，现有研究很少从制度设计和法律责任方面进行讨论，研究空间较大。未来研究可以结合标的公司违约的法律责任和违约程度，分析业绩补偿承诺协议在实际运行过程中的不足，提供经验证据及时完善相关规定，以更好发挥业绩补偿承诺协议保护投资者利益的作用。

附　录

为更直观了解业绩补偿承诺协议的具体内容和后续赔偿进展，本书在附录中详细描述了一个深交所对未能及时履行业绩补偿义务作出纪律处分的典型案例，以期深入讨论业绩补偿承诺对保护中小投资者利益的实际效果。

飞利信（股票代码300287）于2014年12月收购宁波众元等18名股东持有的东蓝数码100%股权。根据证监会的要求，由于本次收购选择收益法评估，并据此商定交易定价，双方需要签订业绩补偿承诺协议。

一、业绩补偿承诺协议的年限和赔偿方式

根据公司与东蓝商贸、宁波众元等人签署的《利润补偿协议》，补偿期为2014年、2015年和2016年，并约定东蓝数码扣非后的归母净利润分别不低于4 000万、5 050万和5 950万元。一旦触发补偿条件，要求义务方应逐年进行补偿，赔偿方式优先以股份赔付，如股份不足以补偿，剩余部分采用现金赔付方式。

具体来看：

（1）当期应补偿的股份数量＝（截至当期期末累计承诺净利润数－截至当期期末累计实现净利润数）÷补偿期限内各年的承诺净利润数总和×标的公司100%股权交易作价÷发行价格－已补偿股份数量。

（2）对于差额部分采用现金赔付方式，该现金补偿额为应补偿股份的差额股份数×本次股份发行价格。

二、业绩奖励

为激励东蓝数码的管理层努力经营，开拓市场，双方商定对超额完成的业绩部分进行现金奖励：奖励金额＝（补偿期内累计实现的净利润数－

补偿期内累计承诺的净利润数）×50%。

三、业绩补偿承诺的实现情况

根据立信会计师事务所发布的逐年审核报告，经审计的东蓝数码2014年、2015年、2016年的扣非后归母净利润分别为4 172.77万元、5 086.52万元和186.02万元，东蓝数码的实际净利润占承诺净利润的比例分别为104.32%、100.72%和3.13%。

可以看出，东蓝数码2014年和2015年的业绩承诺均已实现，而2016年实际完成净利润与利润承诺方承诺完成净利润差额为5 763.98万元，仅完成了3.13%，差距较大，东蓝数码2016年度业绩承诺未能实现，需进行业绩补偿。而补偿义务人持有的飞利信股份已被质押，同时拒不履行现金赔付，深交所予以公开谴责。

四、案例总结

从上述案例总结业绩补偿承诺协议的具体内容：

第一，从承诺的方向来看，本案例属于签订双向业绩补偿承诺，既约定标的公司不达标的赔偿内容，也在业绩奖励部分约定标的公司超额完成时予以奖励。

第二，从业绩考核的时间模式来看，双方约定2014年、2015年和2016年为补偿期，并且补偿义务人应逐年进行补偿，属于典型的逐年补偿方式。

第三，从违约赔偿方式来看，一旦触发赔偿条件，应先以股份赔付，不足部分再以现金赔付，这属于股份+现金的补偿方式。

第四，从赔偿的实际效果来看，业绩补偿承诺实际赔付的兑现情况较差，标的公司未能完成业绩补偿承诺时，可能无力赔偿，也可能不愿赔付，保障机制有待加强，业绩补偿承诺保护投资者利益的实际效果大打折扣。

参考文献

［1］蔡宁．文化差异会影响并购绩效吗：基于方言视角的研究［J］．会计研究，2019（7）：43-50．

［2］陈绍刚，程艳华．不完全信息下基于双目标的博弈并购决策研究［J］．管理科学，2012，25（6）：35-42．

［3］陈仕华，李维安．并购溢价决策中的锚定效应研究［J］．经济研究，2016，51（6）：114-127．

［4］陈仕华，卢昌崇．企业间高管联结与并购溢价决策：基于组织间模仿理论的实证研究［J］．管理世界，2013（5）：144-156．

［5］陈仕华，卢昌崇．国有企业党组织的治理参与能够有效抑制并购中的"国有资产流失"吗？［J］．管理世界，2014（5）：106-120．

［6］陈仕华，卢昌崇，姜广省，等．国企高管政治晋升对企业并购行为的影响：基于企业成长压力理论的实证研究［J］．管理世界，2015（9）：125-136．

［7］陈涛，李善民．支付方式与收购公司财富效应［J］．证券市场导报，2011（2）：49-53．

［8］陈维，陈伟，吴世农．证券分析师的股票评级与内部人交易：我国证券分析师是否存在道德风险？［J］．证券市场导报，2014（3）：60-66．

［9］陈维，吴世农．我国创业板上市公司高管和大股东减持股份的动因及后果：从风险偏好转向风险规避的"偏好逆转"行为研究［J］．经济管理，2013，35（6）：43-53．

［10］陈信元，张田余．资产重组的市场反应：1997年沪市资产重组实证分析［J］．经济研究，1999（9）：47-55．

［11］陈作华，方红星．内部控制能扎紧董监高的机会主义减持藩篱吗［J］．会计研究，2019（7）：82-89．

［12］陈作华，王守海．市场风险会驱动高管择机性减持吗？［J］．证券市场导报，2020（12）：47-57．

［13］代昀昊，安铮，王砾．董秘券商经历与企业内部人减持［J］．证券市场导报，2021（11）：48-59．

［14］丁庭栋．会计性信息不对称、新股折价与高管持股变动［J］．财经科学，2013（8）：117-124．

［15］窦超，翟进步．业绩承诺背后的财富转移效应研究［J］．金融研究，2020（12）：189-206．

［16］窦炜，Sun Hua，方俊．管理层过度自信、独立财务顾问与业绩承诺可靠性［J］．审计与经济研究，2019，34（6）：78-88．

［17］冯根福，吴林江．我国上市公司并购绩效的实证研究［J］．经济研究，2001（1）：54-61，68．

［18］冯红卿，佟岩，华晨．上市公司控制权转移中的应计项盈余管理及真实盈余管理［J］．会计与经济研究，2013，27（4）：18-29．

［19］高燕燕，黄国良，李强，等．国企多元化并购异象的根源与市场反应：基于制度基础观的研究［J］．系统工程，2018，36（1）：81-90．

［20］葛伟杰，张秋生，张自巧．支付方式、融资约束与并购溢价研究［J］．证券市场导报，2014（1）：40-47．

［21］韩忠雪，夏文蕾．上市公司高分红、高送转是为了高管减持吗？：基于中国创业板公司的实证研究［J］．财贸研究，2020，31（10）：81-99．

［22］洪道麟，刘力，熊德华．多元化并购、企业长期绩效损失及其选择动因［J］．经济科学，2006（5）：63-73．

［23］胡聪慧，于军，高明．中国上市公司送转动机研究：操纵迎合还是估值提升？［J］．会计研究，2019（4）：50-57．

［24］黄梅，夏新平．操纵性应计利润模型检测盈余管理能力的实证分析［J］．南开管理评论，2009，12（5）：136-143．

［25］黄先海，宋学印，诸竹君．中国产业政策的最优实施空间界定：补贴效应、竞争兼容与过剩破解［J］．中国工业经济，2015（4）：57-69．

［26］黄新建，段克润．中国上市公司并购与盈余管理实证研究［J］．

软科学，2007（6）：66-69.

[27] 姜付秀，张敏，陆正飞，等．管理者过度自信、企业扩张与财务困境［J］．经济研究，2009，44（1）：131-143.

[28] 李秉祥，简冠群，李浩．业绩补偿承诺、定增并购双价格偏离与整合效应［J］．管理评论，2019，31（4）：19-33.

[29] 李欢，罗婷．管理层业绩预测的机会主义行为：来自高管股票交易的证据［J］．南开管理评论，2016，19（4）：63-74.

[30] 李晶晶，郭颖文，魏明海．事与愿违：并购业绩承诺为何加剧股价暴跌风险？［J］．会计研究，2020（4）：37-44.

[31] 李旎，文晓云，郑国坚，等．并购交易中的信息传递机制研究：基于业绩承诺的视角［J］．南方经济，2019（6）：29-47.

[32] 李善民，陈玉罡．上市公司兼并与收购的财富效应［J］．经济研究，2002（11）：27-35，93.

[33] 李善民，李珩．中国上市公司资产重组绩效研究［J］．管理世界，2003（11）：126-134.

[34] 李善民，杨继彬，钟君煜．风险投资具有咨询功能吗？——异地风投在异地并购中的功能研究［J］．管理世界，2019，35（12）：164-180，215-216.

[35] 李善民，朱滔．多元化并购能给股东创造价值吗？——兼论影响多元化并购长期绩效的因素［J］．管理世界，2006（3）：129-137.

[36] 李维安，李慧聪，郝臣．高管减持与公司治理创业板公司成长的影响机制研究［J］．管理科学，2013，26（4）：1-12.

[37] 黎文靖，郑曼妮．实质性创新还是策略性创新？——宏观产业政策对微观企业创新的影响［J］．经济研究，2016，51（4）：60-73.

[38] 李曜，宋贺．风险投资支持的上市公司并购绩效及其影响机制研究［J］．会计研究，2017（6）：60-66，97.

[39] 李增泉，余谦，王晓坤．掏空、支持与并购重组：来自我国上市公司的经验证据［J］．经济研究，2005（1）：95-105.

[40] 柳建华，徐婷婷，陆军．并购业绩补偿承诺会诱导盈余管理吗？［J］．管理科学学报，2021，24（10）：82-105.

［41］刘向强，李沁洋．会计师事务所声誉与并购业绩补偿承诺［J］．审计研究，2019（6）：79-86．

［42］刘向强，孙健，袁蓉丽．并购业绩补偿承诺与审计收费［J］．会计研究，2018（12）：70-76．

［43］逯东，黄丹，杨丹．国有企业非实际控制人的董事会权力与并购效率［J］．管理世界，2019，35（6）：119-141．

［44］路军伟，张珂，于小偶．上市公司IPO与分类转移盈余管理：来自我国A股市场的经验证据［J］．会计研究，2019（8）：25-31．

［45］罗宏，黄婉．多个大股东并存对高管机会主义减持的影响研究［J］．管理世界，2020，36（8）：163-178．

［46］罗声明．并购、盈余管理与制度背景［J］．财经理论与实践，2011，32（2）：69-72．

［47］吕长江，韩慧博．业绩补偿承诺、协同效应与并购收益分配［J］．审计与经济研究，2014，29（6）：3-13．

［48］马慧．共同分析师与公司并购：基于券商上市的准自然实验证据［J］．财经研究，2019，45（2）：113-125．

［49］马云飙，武艳萍，石贝贝．卖空机制能够约束内部人减持吗？——基于融资融券制度的经验证据［J］．金融研究，2021（2）：171-187．

［50］潘爱玲，邱金龙，杨洋．业绩补偿承诺对标的企业的激励效应研究：来自中小板和创业板上市公司的实证检验［J］．会计研究，2017（3）：46-52，95．

［51］潘爱玲，吴倩，徐悦淼．业绩补偿承诺影响借壳企业风险承担水平吗？［J］．厦门大学学报（哲学社会科学版），2021（6）：120-132．

［52］潘红波，夏新平，余明桂．政府干预、政治关联与地方国有企业并购［J］．经济研究，2008（4）：41-52．

［53］潘红波，余明桂．支持之手、掠夺之手与异地并购［J］．经济研究，2011，46（9）：108-120．

［54］潘星宇，沈艺峰．股权激励、企业并购与利润管理［J］．经济管理，2021，43（10）：99-118．

［55］邵敏，包群．政府补贴与企业生产率：基于我国工业企业的经

验分析 [J]. 中国工业经济, 2012 (7): 70-82.

[56] 宋贺, 段军山. 财务顾问与企业并购绩效 [J]. 中国工业经济, 2019 (5): 155-173.

[57] 宋希亮, 张秋生, 初宜红. 我国上市公司换股并购绩效的实证研究 [J]. 中国工业经济, 2008 (7): 111-120.

[58] 苏冬蔚. 多元化经营与企业价值: 我国上市公司多元化溢价的实证分析 [J]. 经济学 (季刊), 2005, 4: 135-158.

[59] 孙健, 王百强, 曹丰, 等. 公司战略影响盈余管理吗? [J]. 管理世界, 2016 (3): 160-169.

[60] 孙梦男, 吴迪. 中国上市公司并购中盈余管理的择机行为研究 [J]. 云南财经大学学报, 2017, 33 (6): 132-139.

[61] 孙淑伟, 何贤杰, 赵瑞光, 等. 中国企业海外并购溢价研究 [J]. 南开管理评论, 2017, 20 (3): 77-89.

[62] 唐宗明, 蒋位. 中国上市公司大股东侵害度实证分析 [J]. 经济研究, 2002 (4): 44-50, 94.

[63] 王建伟, 钱金晶. 并购重组市场化改革问题及监管对策研究: 基于深市并购重组交易的经验数据 [J]. 证券市场导报, 2018 (10): 44-51.

[64] 王竞达, 范庆泉. 上市公司并购重组中的业绩承诺及政策影响研究 [J]. 会计研究, 2017 (10): 71-77, 97.

[65] 王克敏, 刘博. 公司控制权转移与盈余管理研究 [J]. 管理世界, 2014 (7): 144-156.

[66] 王艳, 何竺虔, 汪寿阳. 民营企业并购的协同效应可以实现吗? [J]. 会计研究, 2020 (7): 64-77.

[67] 王艳, 李善民. 社会信任是否会提升企业并购绩效? [J]. 管理世界, 2017 (12): 125-140.

[68] 王珏玮, 唐建新, 孔墨奇. 公司并购、盈余管理与高管薪酬变动 [J]. 会计研究, 2016 (5): 56-62, 96.

[69] 温日光. 风险观念、并购溢价与并购完成率 [J]. 金融研究, 2015 (8): 191-206.

[70] 吴超鹏, 吴世农, 郑方镳. 管理者行为与连续并购绩效的理论与实证研究 [J]. 管理世界, 2008 (7): 126-133, 188.

[71] 吴联生, 王亚平. 盈余管理程度的估计模型与经验证据: 一个综述 [J]. 经济研究, 2007 (8): 143-152.

[72] 谢德仁. 会计准则、资本市场监管规则与盈余管理之遏制: 来自上市公司债务重组的经验证据 [J]. 会计研究, 2011 (3): 19-26, 94.

[73] 谢德仁, 崔宸瑜, 廖珂. 上市公司"高送转"与内部人股票减持: "谋定后动"还是"顺水推舟"? [J]. 金融研究, 2016 (11): 158-173.

[74] 谢纪刚, 张秋生. 股份支付、交易制度与商誉高估: 基于中小板公司并购的数据分析 [J]. 会计研究, 2013 (12): 47-52, 97.

[75] 徐莉萍, 关月琴, 辛宇. 控股股东股权质押与并购业绩承诺: 基于市值管理视角的经验证据 [J]. 中国工业经济, 2021 (1): 136-154.

[76] 徐龙炳, 李琛, 陈倩雯. 信息型市场操纵与财富转移效应研究: 基于上市公司内部人减持的视角 [J]. 财经研究, 2021, 47 (5): 4-18, 48.

[77] 许婴鹏, 郭雪萌. 分析师关注能遏制高管交易获利吗? [J]. 财经论丛, 2016 (11): 75-83.

[78] 徐昭. 上市公司内部人减持行为的内在机制综述 [J]. 经济理论与经济管理, 2014 (3): 95-111.

[79] 杨超, 谢志华, 宋迪. 业绩承诺协议设置、私募股权与上市公司并购绩效 [J]. 南开管理评论, 2018, 21 (6): 198-209.

[80] 杨威, 赵仲匡, 宋敏. 多元化并购溢价与企业转型 [J]. 金融研究, 2019 (5): 115-131.

[81] 姚海鑫, 李璐. 共享审计可以提高并购绩效吗?——来自中国A股上市公司的经验证据 [J]. 审计与经济研究, 2018, 33 (3): 29-39.

[82] 叶康涛, 刘行. 税收征管、所得税成本与盈余管理 [J]. 管理世界, 2011 (5): 140-148.

[83] 易志高, 李心丹, 潘子成, 等. 公司高管减持同伴效应与股价崩盘风险研究 [J]. 经济研究, 2019, 54 (11): 54-70.

[84] 易志高, 潘子成, 茅宁, 等. 策略性媒体披露与财富转移: 来自公司高管减持期间的证据 [J]. 经济研究, 2017, 52 (4): 166-180.

[85] 应千伟, 呙昊婧, 邓可斌. 媒体关注的市场压力效应及其传导机制 [J]. 管理科学学报, 2017, 20 (4): 32-49.

[86] 于洪鉴, 陈艳, 陈邑早. CEO自恋与并购非公开环节行为决策的实验研究 [J]. 管理科学, 2019, 32 (5): 102-112.

[87] 余玉苗, 冉月. 并购支付方式、目标方参与公司治理与业绩承诺实现 [J]. 当代财经, 2020 (3): 137-148.

[88] 曾春影, 茅宁, 易志高. CEO的知青经历与企业并购溢价: 基于烙印理论的实证研究 [J]. 外国经济与管理, 2019, 41 (11): 3-14.

[89] 曾庆生. 公司内部人具有交易时机的选择能力吗?——来自中国上市公司内部人卖出股票的证据 [J]. 金融研究, 2008 (10): 117-135.

[90] 曾庆生, 周波, 张程, 等. 年报语调与内部人交易: "表里如一" 还是 "口是心非"? [J]. 管理世界, 2018, 34 (9): 143-160.

[91] 曾昭灶, 李善民. 控制权转移中的盈余质量实证研究 [J]. 管理评论, 2009, 21 (7): 105-112.

[92] 翟进步, 李嘉辉, 顾桢. 并购重组业绩承诺推高资产估值了吗 [J]. 会计研究, 2019 (6): 35-42.

[93] 张程, 曾庆生, 贺惠宇. 事前披露能够降低董监高减持的获利能力吗?——基于中国 "减持新规" 的实证检验 [J]. 金融研究, 2020 (3): 189-206.

[94] 张耕, 高鹏翔. 行业多元化、国际多元化与公司风险: 基于中国上市公司并购数据的研究 [J]. 南开管理评论, 2020, 23 (1): 169-179.

[95] 张海晴, 文雯, 宋建波. 并购业绩补偿承诺与商誉减值研究 [J]. 证券市场导报, 2020 (9): 44-54, 77.

[96] 张继德, 詹鑫, 康佳婧, 等. 实体企业业绩承诺与金融风险的机制与防控研究: 以天神娱乐为例 [J]. 会计研究, 2019 (8): 40-46.

[97] 章卫东. 定向增发新股与盈余管理: 来自中国证券市场的经验证据 [J]. 管理世界, 2010 (1): 54-63, 73.

[98] 章卫东, 李泽宇, 郑鸿锐, 等. 内部人减持前的并购行为: 战略

并购抑或套现并购——基于伪市值管理的视角［J］．证券市场导报，2021（10）：33-43．

［99］张新．并购重组是否创造价值？——中国证券市场的理论与实证研究［J］．经济研究，2003（6）：20-29，93．

［100］张自巧，葛伟杰．股份支付并购中存在不同的盈余管理吗？——来自中国上市公司的经验证据［J］．证券市场导报，2013（1）：23-28．

［101］赵立彬，张秋生．股份支付、盈余管理与并购绩效［J］．南方经济，2012（11）：80-88．

［102］赵立新，姚又文．对重组盈利预测补偿制度的运行分析及完善建议［J］．证券市场导报，2014（4）：4-8，15．

［103］钟宁桦，温日光，刘学悦．"五年规划"与中国企业跨境并购［J］．经济研究，2019，54（4）：149-164．

［104］周铭山，张倩倩，杨丹．创业板上市公司创新投入与市场表现：基于公司内外部的视角［J］．经济研究，2017，52（11）：135-149．

［105］ABARBANELL J, LEHAVY R. Can Stock Recommendations Predict Earnings Management and Analysts' Earnings Forecast Errors？［J］. Journal of Accounting Research, 2003, 41（1）：1-31．

［106］AGRAWAL A, COOPER T. Insider Trading Before Accounting Scandals［J］. Journal of Corporate Finance, 2015, 34：169-190．

［107］AGRAWAL A, JAFFE J F, MANDELKER G N. The Post-Merger Performance of Acquiring Firms: A Re-examination of An Anomaly［J］. The Journal of Finance, 1992, 47（4）：1605-1621．

［108］ALI U, HIRSHLEIFER D. Opportunism as A Firm and Managerial Trait: Predicting Insider Trading Profits and Misconduct［J］. Journal of Financial Economics, 2017, 126（3）：490-515．

［109］ALLEE K D, WANGERIN D D. Auditor Monitoring and Verification in Financial Contracts: Evidence from Earnouts and SFAS 141（R）［J］. Review of Accounting Studies, 2018, 23（4）：1629-1664．

［110］ANDRADE G, MITCHELL M, STAFFORD E. New Evidence and

Perspectives on Mergers [J]. Journal of Economic Perspectives, 2001, 15 (2): 103-120.

[111] ANG J, KOHERS N. The Take-Over Market for Privately Held Companies: The US Experience [J]. Cambridge Journal of Economics, 2001, 25 (6): 723-748.

[112] ANTONIOU A, ARBOUR P, ZHAO H. How Much Is Too Much: Are Merger Premiums Too High? [J]. European Financial Management, 2008, 14 (2): 268-287.

[113] BADERTSCHER B A. Overvaluation and the Choice of Alternative Earnings Management Mechanisms [J]. The Accounting Review, 2011, 86 (5): 1491-1518.

[114] BAGNOLI M, KHANNA N. Insider Trading in Financial Signaling Models [J]. Journal of Finance, 1992, 47 (5): 1905-1934.

[115] BALAKRISHNAN K, CORE J E, VERDI R S. The Relation between Reporting Quality and Financing and Investment: Evidence from Changes in Financing Capacity [J]. Journal of Accounting Research, 2014, 52 (1): 1-36.

[116] BARBOPOULOS L G, ADRA S. The Earnout Structure Matters: Takeover Premia and Acquirer Gains in Earnout Financed M&As [J]. International Review of Financial Analysis, 2016, 45: 283-294.

[117] BARBOPOULOS L G, DANBOLT J. The Real Effects of Earnout Contracts in M&As [J]. Journal of Financial Research, 2021, 44 (3): 607-639.

[118] BARBOPOULOS L, SUDARSANAM S. Determinants of Earnout as Acquisition Payment Currency and Bidder's Value Gains [J]. Journal of Banking and Finance, 2012, 36 (3): 678-694.

[119] BARGERON L L, SCHLINGEMANN F P, STULZ R M, et al. Why do Private Acquirers Pay so Little Compared to Public Acquirers? [J]. Journal of Financial Economics, 2008, 89 (3): 375-390.

[120] BATES T W, NEYLAND J B, WANG Y Y. Financing Acquisitions

with Earnouts [J]. Journal of Accounting and Economics, 2018, 66 (2-3): 374-395.

[121] BECKMAN C M, HAUNSCHILD P R. Network Learning: The Effects of Partners' Heterogeneity of Experience on Corporate Acquisitions [J]. Administrative Science Quarterly, 2002, 47 (1): 92-124.

[122] BEN-AMAR W, MISSONIER-PIERA F. Earnings Management by Friendly Takeover Targets [J]. International Journal of Managerial Finance, 2008, 4 (3): 232-243.

[123] BENS D A, GOODMAN T H, NEAMTIU M. Does Investment-Related Pressure Lead to Misreporting? An Analysis of Reporting Following M&A Transactions [J]. The Accounting Review, 2012, 87 (3): 839-865.

[124] BERGER P G, OFEK E. Causes and Effects of Corporate Refocusing Programs [J]. The Review of Financial Studies, 1999, 12 (2): 311-345.

[125] BERKOVITCH E, NARAYANAN M P. Motives for Takeovers: An Empirical Investigation [J]. Journal of Financial and Quantitative Analysis, 1993, 28 (3): 347-362.

[126] BLISS R T, ROSEN R J. CEO Compensation and Bank Mergers [J]. Journal of Financial Economics, 2001, 61 (1): 107-138.

[127] BOTSARI A, MEEKS G. Do Acquirers Manage Earnings Prior to A Share for Share Bid? [J]. Journal of Business Finance and Accounting, 2008, 35 (5-6): 633-670.

[128] BOTSARI A, MEEKS G. Acquirers' Earnings Management Ahead of Stock-for-Stock Bids in "Hot" and "Cold" Markets [J]. Journal of Accounting and Public Policy, 2018, 37 (5): 355-375.

[129] BRADLEY M, DESAI A, KIM E H. Synergistic Gains from Corporate Acquisitions and their Division between the Stockholders of Target and Acquiring Firms [J]. Journal of Financial Economics, 1988, 21 (1): 3-40.

[130] BRAV A, GOMPERS P A. The Role of Lockups in Initial Public Offerings [J]. Review of Financial Studies, 2003, 16 (1): 1-29.

[131] BRICKLEY J A. Empirical Research on CEO Turnover and Firm-Performance: A Discussion [J]. Journal of Accounting and Economics, 2003, 36 (1-3): 227-233.

[132] BRUNER R F. Does M&A pay? A Survey of Evidence for the Decision-Maker [J]. Journal of Applied Finance, 2002, 12 (1): 48-68.

[133] BURGSTAHLER D, EAMES M. Management of Earnings and Analyst' Forecasts to Achieve Zero and Small Positive Earnings Surprises [J]. Journal of Business Finance and Accounting, 2006, 33 (5-6): 633-652.

[134] CADMAN B, CARRIZOSA R, FAUREL L. Economic Determinants and Information Environment Effects of Earnouts: New Insights from SFAS 141 (R) [J]. Journal of Accounting Research, 2014, 52 (1): 37-74.

[135] CAIN M D, DENIS D J, DENIS D K. Earnouts: A Study of Financial Contracting in Acquisition Agreements [J]. Journal of Accounting and Economics, 2011, 51 (1-2): 151-170.

[136] CAMPA D, HAJBABA A. Do Targets Grab the Cash in Takeovers: The Role of Earnings Management [J]. International Review of Financial Analysis, 2016, 44: 56-64.

[137] CHANG S. Takeovers of Privately Held Targets, Methods of Payment, and Bidder Returns [J]. The Journal of Finance, 1998, 53 (2): 773-784.

[138] CHEN S, THOMAS J, ZHANG F. Spring - Loading Future Performance When No One Is Looking? Earnings and Cash Flow Management Around Acquisitions [J]. Review of Accounting Studies, 2016, 21 (4): 1081-1115.

[139] CHENG Q, LO K. Insider Trading and Voluntary Disclosures [J]. Journal of Accounting Research, 2006, 44 (5): 815-848.

[140] CHRISTIE A A, ZIMMERMAN J L. Efficient and Opportunistic Choices of Accounting Procedures: Corporate Control Contests [J]. The Accounting Review, 1994, 69 (4): 539-566.

[141] COHEN L, MALLOY C, POMORSKI L. Decoding Inside

Information [J]. Journal of Finance, 2012, 67 (3): 1009-1043.

[142] CROCI E, PETMEZAS D. Do Risk - Taking Incentives Induce CEOs to Invest? Evidence from Acquisitions [J]. Journal of Corporate Finance, 2015, 32: 1-23.

[143] DAI L, DHARWADKAR R, SHI L, et al. The Governance Transfer of Blockholders: Evidence from Block Acquisitions and Earnings Management Around the World [J]. Journal of Corporate Finance, 2017, 45: 586-607.

[144] DATAR S, FRANKEL R, WOLFSON M. Earnouts: The Effects of Adverse Selection and Agency Costs on Acquisition Techniques [J]. Journal of Law, Economics and Organization, 2001, 17 (1): 201-238.

[145] DATTA S, ISKANDAR - DATTA M, RAMAN K. Executive Compensation and Corporate Acquisition Decisions [J]. The Journal of Finance, 2001, 56 (6): 2299-2336.

[146] DEANGELO L E. Accounting Numbers as Market Valuation Substitutes: A Study of Management Buyouts of Public Stockholders [J]. The Accounting Review, 1986, 61 (3): 400-420.

[147] DECHOW P M, LAWRENCE A, RYANS J P. SEC Comment Letters and Insider Sales [J]. The Accounting Review, 2016, 91 (2): 401-439.

[148] DITTMAR A, FIELD L C. Can Managers Time the Market? Evidence Using Repurchase Price Data [J]. Journal of Financial Economics, 2015, 115 (2): 261-282.

[149] DODD P, RUBACK R. Tender Offers and Stockholder Returns: An Empirical Analysis [J]. Journal of Financial Economics, 1977, 5 (3): 351-373.

[150] EASTERWOOD C M. Takeovers and Incentives for Earnings Management: An Empirical Analysis [J]. Journal of Applied Business Research. 1998, 14 (1): 29-48.

[151] ECKBO B E, LANGOHR H. Information Disclosure, Method of

Payment, and Takeover Premiums: Public and Private Tender Offers in France [J]. Journal of Financial Economics, 1989, 24 (2): 363-403.

[152] ELNAHAS A M, HASSAN M K, ISMAIL G M. Religion and Mergers and Acquisitions Contracting: The Case of Earnout Agreements [J]. Journal of Corporate Finance, 2017, 42: 221-246.

[153] ELRAZAZ T Z, ELMASSRI M, AHMED Y. Real Earnings Manipulation Surrounding Mergers and Acquisitions: The Targets' Perspective [J]. International Journal of Accounting and Information Management, 2021, 29 (3): 429-451.

[154] ERICKSON M, WANG S W. Earnings Management by Acquiring Firms in Stock for Stock Mergers [J]. Journal of Accounting and Economics, 1999, 27 (2): 149-176.

[155] ERNSTBERGER J, LINK B, STICH M, et al. The Real Effects of Mandatory Quarterly Reporting [J]. The Accounting Review, 2017, 92 (5): 33-60.

[156] FACCIO M, MASULIS R W. The Choice of Payment Method in European Mergers and Acquisitions [J]. The Journal of Finance, 2005, 60 (3): 1345-1388.

[157] FERGUSON M F. Ownership Structure, Potential Competition, and the Free-Rider Problem in Tender Offers [J]. Journal of Law Economics and Organization, 1994, 10 (1): 35-62.

[158] FIDRMUC J P, GOERGEN M, RENNEBOOG L. Insider Trading, News Releases and Ownership Concentration [J]. The Journal of Finance, 2006, 61 (6): 2931-2973.

[159] FRANKEL R, LI X. Characteristics of A Firm's Information Environment and the Information Asymmetry between Insiders and Outsiders [J]. Journal of Accounting and Economics, 2004, 37 (2): 229-259.

[160] FRANKS J R, HARRIS R S. Shareholder Wealth Effects of Corporate Takeovers: The U.K. Experience 1955-1985 [J]. Journal of Financial Economics, 1989, 23 (2): 225-249.

[161] FRANKS J R, HARRIS R S, TITMAN S. The Postmerger Share-Price Performance of Acquiring Firms [J]. Journal of Financial Economics, 1991, 29 (1): 81-96.

[162] FRIJNS B, GILBERT A, LEHNERT T, et al. Uncertainty Avoidance, Risk Tolerance and Corporate Takeover Decisions [J]. Journal of Banking and Finance, 2013, 37 (7): 2457-2471.

[163] FULLER K, NETTER J, STEGEMOLLER M. What Do Returns to Acquiring Firms Tell Us? Evidence from Firms That Make Many Acquisitions [J]. The Journal of Finance, 2002, 57 (4): 1763-1793.

[164] GONDHALEKAR V B, SANT R R, FERRIS S P. The Price of Corporate Acquisition: Determinants of Cash Takeover Premia [J]. Applied Economics Letters, 2004, 11 (12): 735-739.

[165] GONG G, LOUIS H, SUN A X. Earnings Management, Lawsuits, and Stock - for - Stock Acquirers' Market Performance [J]. Journal of Accounting and Economics, 2008, 46 (1): 62-77.

[166] GRAHAM J R, HARVEY C R, RAJGOPAL S. The Economic Implications of Corporate Financial Reporting [J]. Journal of Accounting and Economics, 2005, 40 (1-3): 3-73.

[167] GREGORY A. An Examination of the Long Run Performance of UK Acquiring Firms [J]. Journal of Business Finance and Accounting, 1997, 24 (7-8): 971-1002.

[168] GUIDRY F, LEONE A J, ROCK S. Earnings-Based Bonus Plans and Earnings Management by Business - Unit Managers [J]. Journal of Accounting and Economics, 1999, 26 (1-3): 113-142.

[169] HAINMUELLER J. Entropy Balancing for Causal Effects: A Multivariate Reweighting Method to Produce Balanced Samples in Observational Studies [J]. Political Analysis, 2012, 20 (1): 25-46.

[170] HAN J C Y, WANG S W. Political Costs and Earnings Management of Oil Companies During the 1990 Persian Gulf Crisis [J]. The Accounting Review, 1998, 73 (1): 103-117.

[171] HARFORD J, LI K. Decoupling CEO Wealth and Firm Performance: The Case of Acquiring CEOs [J]. The Journal of Finance, 2007, 62 (2): 917-949.

[172] HARTZELL J C, OFEK E, YERMACK D. What's in It for Me? CEOs Whose Firms Are Acquired [J]. The Review of Financial Studies, 2004, 17 (1): 37-61.

[173] HAYWARD M L A, HAMBRICK D C. Explaining the Premiums Paid for Large Acquisitions: Evidence of CEO Hubris [J]. Administrative Science Quarterly, 1997, 42 (1): 103-127.

[174] HEALY P M. The Effect of Bonus Schemes on Accounting Decisions [J]. Journal of Accounting and Economics, 1985, 7 (1-3): 85-107.

[175] HENNES K M, LEONE A J, MILLER B P. The Importance of Distinguishing Errors from Irregularities in Restatement Research: The Case of Restatements and CEO/CFO turnover [J]. The Accounting Review, 2008, 83 (6): 1487-1519.

[176] HERON R, LIE E. Operating Performance and the Method of Payment in Takeovers [J]. The Journal of Financial and Quantitative Analysis, 2002, 37 (1): 137-155.

[177] HIGGINS H N. Do Stock-for-Stock Merger Acquirers Manage Earnings? Evidence from Japan [J]. Journal of Accounting and Public Policy, 2013, 32 (1): 44-70.

[178] HIGGINS R C, SCHALL L D. Corporate Bankruptcy and Conglomerate Merger [J]. The Journal of Finance, 1975, 30 (1): 93-113.

[179] HIRSHLEIFER D, TITMAN S. Share Tendering Strategies and the Success of Hostile Takeover Bids [J]. Journal of Political Economy, 1990, 98 (2): 295-324.

[180] HOMBERG F, ROST K, OSTERLOH M. Do Synergies Exist in Related Acquisitions? A Meta-Analysis of Acquisition Studies [J]. Review of Managerial Science, 2009, 3 (2): 75-116.

[181] HU J, NOE T H. Insider Trading and Managerial Incentives [J]. Journal of Banking and Finance, 2001, 25 (4): 681-716.

[182] HUDDART S, KE B. Information Asymmetry and Cross-Sectional Variation in Insider Trading [J]. Contemporary Accounting Research, 2010, 24 (1): 195-232.

[183] HUDDART S, KE B, SHI C. Jeopardy, Non-Public Information, and Insider Trading Around SEC 10-K and 10-Q filings [J]. Journal of Accounting and Economics, 2007, 43 (1): 3-36.

[184] JARRELL G A, BRICKLEY J A, NETTER J M. The Market for Corporate Control: The Empirical Evidence Since 1980 [J]. Journal of Economic Perspectives, 1988, 2 (1): 49-68.

[185] JENSEN M C, MECKLING W H. Theory of the Firm: Managerial Behavior, Agency Costs and Ownership Structure [J]. Journal of Financial Economics, 1976, 3 (4): 305-360.

[186] JENSEN M C, RUBACK R S. The Market for Corporate Control: The Scientific Evidence [J]. Journal of Financial Economics, 1983, 11 (1-4): 5-50.

[187] JIRAPORN P, KIM Y S, MATHUR I. Does Corporate Diversification Exacerbate or Mitigate Earnings Management? An Empirical Analysis [J]. International Review of Financial Analysis, 2008, 17 (5): 1087-1109.

[188] JOHN K, FREUND S, NGUYEN D, et al. Investor Protection and Cross-Border Acquisitions of Private and Public Targets [J]. Journal of Corporate Finance, 2010, 16 (3): 259-275.

[189] KANODIA C, SAPRA H. A Real Effects Perspective to Accounting Measurement and Disclosure: Implications and Insights for Future Research [J]. Journal of Accounting Research, 2016, 54 (2): 623-676.

[190] KOHERS N, ANG J. Earnouts in Mergers: Agreeing to Disagree and Agreeing to Stay [J]. The Journal of Business, 2000, 73 (3): 445-476.

[191] KOTHARI S P, LEONE A J, WASLEY C E. Performance Matched

Discretionary Accrual Measures [J]. Journal of Accounting and Economics, 2005, 39 (1): 163-197.

[192] KOTHARI S P, MIZIK N, ROYCHOWDHURY S. Managing for the Moment: The Role of Earnings Management via Real Activities versus Accruals in SEO Valuation [J]. The Accounting Review, 2016, 91 (2): 559-586.

[193] KRAFT A G, VASHISHTHA R, VENKATACHALAM M. Frequent Financial Reporting and Managerial Myopia [J]. The Accounting Review, 2018, 93 (2): 249-275.

[194] LAAMANEN T. On the Role of Acquisition Premium in Acquisition Research [J]. Strategic Management Journal, 2007, 28 (13): 1359-1369.

[195] LAKONISHOK J, LEE I. Are Insider Trades Informative? [J]. Review of Financial Studies, 2001, 14 (1): 79-111.

[196] LAMBERT R A. Contracting Theory and Accounting [J]. Journal of Accounting and Economics, 2001, 32 (1-3): 3-87.

[197] LANG L, STULZ R, WALKLING R A. A Test of the Free Cash Flow Hypothesis: The Case of Bidder Returns [J]. Journal of Financial Economics, 1991, 29 (2): 315-335.

[198] LENNOX C, WANG Z T, WU X. Earnings Management, Audit Adjustments, and the Financing of Corporate Acquisitions: Evidence from China [J]. Journal of Accounting and Economics, 2018, 65 (1): 21-40.

[199] LI K, LIU T T, WU J J. Vote Avoidance and Shareholder Voting in Mergers and Acquisitions [J]. The Review of Financial Studies, 2018, 31 (8): 3176-3211.

[200] LOUIS H. Earnings Management and the Market Performance of Acquiring Firms [J]. Journal of Financial Economics, 2004, 74 (1): 121-148.

[201] LOUIS H, SUN A X. Abnormal Accruals and Managerial Intent: Evidence from the Timing of Merger Announcements and Completions [J]. Contemporary Accounting Research, 2016, 33 (3): 1101-1135.

[202] LOUIS H, SUN A X, WHITE H. Insider Trading after Repurchase Tender Offer Announcements: Timing versus Informed Trading [J]. Financial Management, 2010, 39 (1): 301-322.

[203] MALMENDIER U M, TATE G. Who Makes Acquisitions? CEO Overconfidence and the Market's Reaction [J]. Journal of Financial Economics, 2008, 89 (1): 20-43.

[204] MAQUIEIRA C P, MEGGINSON W L, NAIL L. Wealth Creation versus Wealth Redistributions in Pure Stock-for-Stock Merger [J]. Journal of Financial Economics, 1998, 48 (1): 3-33.

[205] MARTYNOVA M, RENNEBOOG L. Spillover of Corporate Governance Standards in Cross-Border Mergers and Acquisitions [J]. Journal of Corporate Finance, 2008, 14 (3): 200-223.

[206] MASULIS R W, WANG C, XIE F. Corporate Governance and Acquirer Returns [J]. The Journal of Finance, 2007, 62 (4): 1851-1889.

[207] MITCHELL M L, MULHERIN J H. The Impact of Industry Shocks on Takeover and Restructuring Activity [J]. Journal of Financial Economics, 1996, 41 (2): 193-229.

[208] MOELLER S B, SCHLINGEMANN F P, STULZ R M. Firm Size and the Gains from Acquisitions [J]. Journal of Financial Economics, 2004, 73 (2): 201-228.

[209] MUKHERJEE T K, KIYMAZ H, BAKER H K. Merger Motives and Target Valuation: A Survey of Evidence from CFOs [J]. Journal of Applied Finance, 2004, 14 (2): 7-24.

[210] MYERS S C. Determinants of Corporate Borrowing [J]. Journal of Financial Economics, 1977, 5 (2): 147-175.

[211] NIELSEN J F, MELICHER R W. A Financial Analysis of Acquisition and Merger Premiums [J]. Journal of Financial and Quantitative Analysis, 1973, 8 (2): 139-148.

[212] NOE C F. Voluntary Disclosures and Insider Transactions [J]. Journal of Accounting and Economics, 1999, 27 (3): 305-326.

[213] OFFICER M S. The Price of Corporate Liquidity: Acquisition Discounts for Unlisted Targets [J]. Journal of Financial Economics, 2007, 83 (3): 571-598.

[214] OFFICER M S, POULSEN A B, STEGEMOLLER M. Target-Firm Information Asymmetry and Acquirer Returns [J]. Review of Finance, 2009, 13 (3): 467-493.

[215] PARK M S, PARK T. Insider Sales and Earnings Management [J]. Journal of Accounting and Public Policy, 2004, 23 (5): 381-411.

[216] PIOTROSKI J D, ROULSTONE D T. Do Insider Trades Reflect Both Contrarian Beliefs and Superior Knowledge about Future Cash Flow Realizations? [J]. Journal of Accounting and Economics, 2005, 39 (1): 55-81.

[217] PORTER M E. From Competitive Advantage to Corporate Strategy [J]. Harvard Business Review, 1987, 5: 43-59.

[218] REICHELSTEIN S. Investment Decisions and Managerial Performance Evaluation [J]. Review of Accounting Studies, 1997, 2 (2): 157-180.

[219] REICHELSTEIN S. Providing Managerial Incentives: Cash Flows Versus Accrual Accounting [J]. Journal of Accounting Research, 2000, 38 (2): 243-269.

[220] REUER J J, SHENKAR O, RAGOZZINO R. Mitigating Risk in International Mergers and Acquisitions: The Role of Contingent Payouts [J]. Journal of International Business Studies, 2004, 35 (1): 19-32.

[221] REUM R W, STEELE T A. Contingent Payouts Cut Acquisition Risks [J]. Harvard Business Review, 1970, 48 (2): 83-91.

[222] RHODES-KROPF M, VISWANATHAN S. Market Valuation and Merger Waves [J]. Journal of Finance, 2004, 59 (6): 2685-2718.

[223] ROLL R. The Hubris Hypothesis of Corporate Takeovers [J]. The Journal of Business, 1986, 59 (2): 197-216.

[224] ROSSI S, VOLPIN P F. Cross-Country Determinants of Mergers

and Acquisitions [J]. Journal of Financial Economics, 2004, 74 (2): 277-304.

[225] RUBACK R S. The Conoco Takeover and Stockholder Returns [J]. Sloan Management Review, 1982, 23 (2): 13-33.

[226] SCHWERT G W. Mark-Up Pricing in Mergers and Acquisitions [J]. Journal of Financial Economics, 1996, 41 (2): 153-192.

[227] SEYHUN H N. Insiders' Profits, Costs of Trading, and Market Efficiency [J]. Journal of Financial Economics, 1986, 16 (2): 189-212.

[228] SHLEIFER A, VISHNY R W. A Survey of Corporate Governance [J]. The Journal of Finance, 1997, 52 (2): 737-783.

[229] SHLEIFER A, VISHNY R W. Stock Market Driven Acquisitions [J]. Journal of Financial Economics, 2003, 70 (3): 295-311.

[230] SKAIFE H A, VEENMAN D, WANGERIN D. Internal Control over Financial Reporting and Managerial Rent Extraction: Evidence from the Profitability of Insider Trading [J]. Journal of Accounting and Economics, 2013, 55 (1): 91-110.

[231] SLUSKY A R, CAVES R E. Synergy, Agency, and the Determinants of Premia Paid in Mergers [J]. The Journal of Industrial Economics, 1991, 39 (3): 277-296.

[232] SONG M H, WALKLING R A. The Impact of Managerial Ownership on Acquisition Attempts and Target Shareholder Wealth [J]. The Journal of Financial and Quantitative Analysis, 1993, 28 (4): 439-457.

[233] STEIN J C. Takeover Threats and Managerial Myopia [J]. Journal of Political Economy, 1988, 96 (1): 61-80.

[234] STEIN J C. Rational Capital Budgeting in An Irrational World [J]. The Journal of Business, 1996, 69 (4): 429-455.

[235] TEOH S H, WONG T J, RAO G R. Are Accruals During Initial Public Offerings Opportunistic? [J]. Review of Accounting Studies, 1998, 3 (1): 175-208.

[236] TRAVLOS N G. Corporate Takeover Bids, Methods of Payment,

and Bidding Firms' Stock Returns [J]. The Journal of Finance, 1987, 42 (4): 943-963.

[237] TRUEMAN B. Theories of Earnings-Announcement Timing [J]. Journal of Accounting and Economics, 1990, 13 (3): 285-301.

[238] VARAIYA N P. Determinants of Premiums in Acquisition Transactions [J]. Managerial and Decision Economics, 1987, 8 (3): 175-184.

[239] VASILESCU C, MILLO Y. Do Industrial and Geographic Diversifications Have Different Effects on Earnings Management? Evidence from UK Mergers and Acquisitions [J]. International Review of Financial Analysis, 2016, 46: 33-45.

[240] WALKLING R A, EDMISTER R O. Determinants of Tender Offer Premiums [J]. Financial Analysts Journal, 1985, 41 (1): 27-37.

[241] WANSLEY J W, LANE W R, YANG H C. Abnormal Returns to Acquired Firms by Type of Acquisition and Method of Payment [J]. Financial Management, 1983, 12 (3): 16-22.

[242] WATTS R L, ZIMMERMAN J L. Towards A Positive Theory of the Determination of Accounting Standards [J]. The Accounting Review, 1978, 53 (1): 112-134.

[243] WEBER J A, DHOLAKIA U M. Including Marketing Synergy in Acquisition Analysis: A Step-Wise Approach [J]. Industrial Marketing Management, 2000, 29 (2): 157-177.

[244] ZANG A Y. Evidence on the Trade-Off between Real Activities Manipulation and Accrual-Based Earnings Management [J]. The Accounting Review, 2012, 87 (2): 675-703.

[245] ZHAO Y, CHEN K H. Staggered Boards and Earnings Management [J]. The Accounting Review, 2008, 83 (5): 1347-1381.

[246] ZHAO Y, CHEN K H, ZHANG Y, et al. Takeover Protection and Managerial Myopia: Evidence from Real Earnings Management [J]. Journal of Accounting and Public Policy, 2012, 31 (1): 109-135.

后　记

　　行文至此，落笔为终。本书是在笔者博士毕业论文的基础上修改完善而成的。回首过往，感慨万千，从2017年9月怀着强烈的求知欲踏入南开大学商学院那一刻起，经过博士阶段的磨炼和探索，让我对未来充满信心。这份自信源于旅途中所有的温暖和关爱，人生相遇自是有时，送君千里终须一别，南开一程有我太多的难忘和不舍。

　　首先，感谢我的导师姚颐教授。我有幸成为师门的第一位男博士，博士学习期间，姚老师不仅是我科研道路的引路人，更是我精神上的强大后盾。每当遇到科研难题百思不得其解时，姚老师总能够联系资本市场实际情况，指导我透过现象看到问题的本质，那种豁然开朗的喜悦源自姚老师兢兢业业的付出。姚老师毫无保留的培养和指导、严谨的治学态度、对待工作的精益求精、丰富的实践经验、待人接物的大格局都深深影响着我，耳濡目染中，钦佩和感恩之情油然而生。我将带着深深的南开烙印继续踏上新的征程。

　　同时，还要感谢刘志远教授、张继勋教授、程新生教授、周晓苏教授的热心指导和帮助。在课堂中，不仅传道授业解惑，夯实基础理论知识，而且引导我学会独立思考，培养起勇于钻研的科研思维，使我受益匪浅。各位老师儒雅的学者风范和实事求是的治学态度令人敬佩。还要感谢新加坡管理大学的王榕副教授。王老师缜密的科研思维和丰富的科研经验使我能较快接触到前沿的科学研究，在我困惑时总是耐心讲解，踏实严谨的工作作风也激励着我永攀科研高峰。

　　且听风吟、静待花开、惊艳时光、有幸遇见。在南开求学，认识了新的朋友们：感谢我的同门师姐赵梅、何敏，师妹李岩琼、王靖茹、凌玥、刘一迪，以及硕士师妹王珊、杨雯、暴娜娜、倪子薇、胡一凡、李湘文、田园、刘立瑶、马丽、杨琴、李俊彦、韩璐、韩美琳、梁家玮、罗玉琪、刘宇瑶、王青芳、许月莹和师弟鄢文龙、刘立华、张高昂等，感谢我同班和同级的博士研究生王俊领、杜亚光、武琼、全晶晶、谢在阳、李园园等，还要感谢会计专业其他年级的博士研究生陈沉、王存峰、贺超、蔡闫东、高佳旭、张瀛之、倪谷强、柴明洋、赵旸、张小哲、张广冬、邵艳、尹卓菲、翟士运、孙红艳、田马飞、杨小娟、陈晓辉、赵艺、李丹、官小燕、周千惠、柳杨、金振、修浩鑫、李方晗、刘振华、苏日娜、郭明阳、徐莹婕、苗靖钰等，感谢我的好舍友杜博和刘勇，祝各位前途似锦，工作顺利，学业有成！

结识新朋友，不忘老朋友。石城一别，我们天南海北求学，如今各自入职高校或继续求学深造。感谢厦门大学孟庆玺助理教授、燕山大学苗海民讲师、广东技术师范大学唐超副教授、贵州财经大学杜闪副教授、宋媛媛博士、胡书雅博士等，愿我们友谊长存，地久天长。

世上最大的恩情，莫过于父母的养育之恩。感谢爸爸妈妈对我的培养，对我求学之路的大力支持，我也一直告诉自己要努力奋斗，不辜负父母的期望。感谢家族的各位长辈对我的鼓励，三生有幸出生在这样团结、和睦的大家庭，我也会向优秀的哥哥、姐姐和弟弟看齐，在未来的工作中继续努力，不忘初心，给还在读书的于娇蔓妹妹做好榜样，希望早日收到你金榜题名的好消息！

踏入首都经济贸易大学新的工作环境，感谢各位领导和师长对我的帮助、鼓励和支持。感谢于鹏院长、许江波书记、王茂林副院长、赵懿清副院长、谭静副书记、孙军鹏老师、刘丹老师以及顾奋玲老师、王凡林老师、闫华红老师、蔡立新老师、李百兴老师、汪平老师、栾甫贵老师、申慧慧老师、林慧婷老师、林乐老师、王元芳老师、白雪莲老师、王肇老师等，你们不仅为学院营造轻松愉快的研究环境，而且也为书稿的出版和修订工作提供了宝贵的机会和建议。

感谢首都经济贸易大学出版社的乔剑编审，她不辞辛苦，兢兢业业，使本书能够顺利出版！

以梦为马，不负韶华，道阻且长，行则将至。人生不是有了希望才会坚持，而是坚持了才能有希望。每一次成长和经历都是宝贵的财富，告诉自己，不必太在意从前，不要太担心将来，昨天是段历史，明天是个谜团，而今天是最好的礼物。我们唯一能把握的就是今天，不要为过去而后悔，因为后悔没有意义，即将踏上新的征程，持之以恒努力、挑战和奋斗，成为更好的自己！

书之有尽，致谢难穷。人生代代无穷已，青春岁岁赠南开。在启程的时刻，祝所有人万事如愿！

徐亚飞
2024 年 5 月